Il prisma dell'arte italiana: pittori, scrittori, registi

イタリア芸術のプリズム

画家と作家と監督たち

Atsushi Okada
岡田温司

平凡社

目次

イタリア芸術のプリズム　画家と作家と監督たち

はじめに

小著は書下ろしの五つの章からなる。話題の中心にあるのは、ここのところのわたしの関心の中心にある、美術と映画、さらにはキリスト教とのあいだののっぴきならない関係である。イタリア映画の第二の黄金期を築いた監督たち、すなわち、ミケランジェロ・アントニオーニ（第Ⅳ章）、フェデリコ・フェリーニ（とロベルト・ロッセリーニ、第Ⅱ章）、ベルナルド・ベルトルッチ（第Ⅴ章）、そして詩人にして監督のピエル・パオロ・パゾリーニ（第Ⅲ章）がそれぞれの章の主役を演じているが、彼らの映像を語るうえで欠かすことのできないのが、ジョット、ピエロ・デッラ・フランチェスカ、カラヴァッジョ、未来派、ジョルジョ・デ・キリコ、ジョルジョ・モランディなどの固有名詞に象徴される、イタリア美術の深くて厚い遺産である。もちろん、建築やデザインも無視できない。

さらに、キリスト教、とりわけカトリシズムとのあいだにも、同じように強いしがらみがある。ここにファシズムのテーマが加わると、芸術と政治と宗教のあいだでいっそう錯綜して興味深いイタリアの近現代が浮かび上がるだろう。映画を夢見た劇作家ルイジ・ピランデッロのうちにその葛藤が象徴的に現われているが（第I章）、同じことは、他の監督たちにも大なり小なり当てはまる。

当たり前のことかもしれないが、現在は過去と切り離すことができない。ルネサンスやバロックという、無視しえない偉大な過去を引きずるイタリアの場合、この自明の事実は特別の意味をもつ。それゆえ、この国の芸術における過去と現在の絡み合いもまた、小著をつらぬく主たるテーマのひとつである。ただし明記すべきは、その過去が、権威主義的で伝統墨守的なものとは一線を画するという点である。現代から問い直される、いわば良きアナクロニズムの鏡に写し取られるものとしての過去。「わたしは過去の力である」、「深くて親密でアルカイックなわたしのカトリシズム」、伝統と前衛とがせめぎあうパゾリーニのこれらの言葉がいみじくもそのことを象徴している。

読者の皆さんには、判官贔屓と危ぶまれる記述や解釈もあるかもしれない。が、絵画と文学と映画のうちに分光され屈折される二十世紀イタリアの芸術のプリズムを読者の皆さんに味わっていただけるなら、わたしにとってそれ以上の喜びはない。

I　ピランデッロと初期映画

戯曲『作者を探す六人の登場人物』（一九二一年）を引っさげてルイジ・ピランデッロ（一八六七―一九三六）が演劇界に革命をもたらしたことは広く知られるところだが、その彼が、誕生して間もない映画にもまた並々ならぬ関心を示していたことは、少なくとも日本ではまだほとんど紹介されていない。とりわけ、一九一五年に雑誌『ヌオーヴァ・アントロジーア』に『カメラを回せ』というタイトルで発表され、一九二五年に『撮影技師セラフィーノ・グッビオの手記』と改題されて単行本として再版された中篇小説（Pirandello 2013）は、魅了と嫌悪とが同居する、この劇作家と映画との複雑で矛盾すらはらむ関係性が如実に投影されていて実に興味深い。本章は、再発見されつつあるピランデッロのこうした新たな側面に、最近の研究動向を踏まえながら光を当てることを試みるもので、主に以下の三つの論点からなる。

まず、当時のイタリアの映画と批評の状況を簡単に跡づけた後、この映画製作についての小説のなかにちりばめられた、映画についての作者の複雑な見解を繙く。そして最後に、この小説がその後の映画や批評に与えたと考えられる影響や、実現にはいたらなかったとはいえピランデッロがいかなる映像作品を構想していたかを、残された手紙等から明らかにする。

フィルム・ノヴェル『カメラを回せ』

本論に入る前に、簡単にこの実験的なフィルム・ノヴェルの内容をかいつまんで紹介しておこう。ローマのスタジオ「コスモグラフ」で撮影技師をしている主人公の青年セラフィーノ・グッビオがしたためる七つのノートからなる手記という形式の全体は、モノローグのような一人称の語りで進行する。つまり、ナラトロジーの用語を借りるなら、作者ピランデッロのアルター・エゴでもある主人公を視点人物とする内的焦点化の物語ということができる。グッビオは、同時に行為する人にして見る人、そして語る人でもあり、カメラを回すことと日記を書くことのあいだを繰り返し往復する。ローマのスタジオでは、当時流行していたファム・ファタル的なディーヴァ映画『女とトラ』という作品の撮影が進んでいる。その手記にはさらに、主人公グッビオのさまざまな回想や記憶が織り込まれていて、現在と過去、ローマとナポリやソレントといった具合に、時間と空間を飛び越えて入り混じる物語の構成になっている。ここには、錯綜する三つの現実と、現在と過去とを自由に往来する複雑な時間構造が見られる。すなわち、主人公の撮影技師がしたためている日記のなかの現実（回想や空想）、製作が進行しているそのディーヴァ映画、そして主人公を取り巻く日常としての現実である。主人公の名セラフィーノは、キリスト教の天使のなかでもいちばん位の高い燃える熾天使《セラフィム》に由来し、たしかに彼は周りの状況をよく見ているのだが、同時に、既成の概念や常識をはぐらかそうとする道化のような存在でもある。

　こうして時空を自在に飛び越える入れ子状の物語構造——それ自体が映画的ともいえる——のなかに埋め込むようにして、ピランデッロは、映画についての（両義的な）見解をちりばめていくのである。そのいくつかを先取りして述べておくなら、たとえば、目の延長としてのカメラ、魂を奪い取ってしまうカメラ、虚構と現実とから成り立つ映画のハイブリッドさ、演劇と映画との競合する関係、（演劇をはるかに超える）俳優の自己疎外や空虚感、現実をあるがままにとらえうるカメラの可能性、クロースアップの力などといった、批判と称賛、期待と幻滅の入り混じったものである。後で詳しく述べることになるが、すでにベンヤミンが、俳優のアウラの喪失という観点から、『複製技術時代の芸術作品』（一九三六年）でピランデッロに言及しているのは周知のとおりであろう。だが、それだけではない。管見によれば、この小説は、直接の影響関係があるか否かは別にして、ジガ・ヴェルトフの『カメラを持った男』（一九二九年）やバスター・キートンの『カメラマン』（一九二八年）を予告するような特徴を有するとともに、クロースアップをめぐるジャン・エプスタンの理論と実践、さらにはネオレアリズモやアンドレ・バザンの映画理論にも通じる射程さえそなえているといっても過言ではないほどである。

イタリア映画最初の黄金期——ディーヴァ映画と未来派映画

では、まずはこの小説が発表された当時のイタリアにおける映画を取り巻く状況を簡単に振り返っておこう。二十世紀初頭、一九一〇年代半ばまでの十年余りは、トリノとローマを中心に、イタリア映画の最初の黄金期と目され、モンタージュやカメラドリーなどの手法、さらに大がかりなセット・デザインにおいて最先端を誇っていて、このことはセルゲイ・エイゼンシュテインやD・W・グリフィス等も認めるところであった（Nichols & Bazzoni 1995: 8）。そのサイレント映画には大きく二つの潮流、すなわち、ジョヴァンニ・パストローネに象徴されるようなスペクタクル史劇と、イタリア・オペラの伝統を部分的に継承するディーヴァ映画とがあって、いずれも大衆的な人気を博していた（Brunetta 2008; Dalle Vacche 2008; 小川 二〇一六）。これらの脚本や製作には、作家のガブリエーレ・ダヌンツィオが積極的にかかわっていたが、ピランデッロがダヌンツィオに批判的だったことを考えるなら、小説中のディーヴァ映画『女とトラ』は、流行の映画ジャンルの一種のパロディと見ることもできるだろう。また、この小説中の映画のなかで主役を演じるディーヴァは、ロシアから亡命してきた女優ヴァリア・ネストロフという設定なのだが、これは、当時、数々の無声映画に主演したアナ・ナジモヴァの境遇を連想させるところがある。

さらにこれら二者に加えて、ジョルジュ・メリエス風の喜劇の存在も忘れることはできないだろう。「クレティネッティ（おっちょこちょい）」の愛称で親しまれたフランス出身の役者アンドレ・ディードはその代表的な存在で、斬新なトリックや身体表現を駆使した彼の名は、イタリアやフランスのみならず、ヨーロッパ各国や南米にもとどろいていた。この時代のサイレント・コメディをめぐっては、ジョルジョ・アガンベンの唱える「身振り」としての映画という観点から比較検討することで興味深い結果が得られると予想されるが、これについては別の機会に触れたことがある（岡田 二〇一八）。

一方、これら商業的なサイレント映画とは別に、いわゆる前衛的な映画も、理論と作品の両面から実験的な動きを見せていた。未来派の主導者のひとりフィリッポ・トンマーゾ・マリネッティを中心に、脚本家ブルーノ・コッラディーニ、作家エミリオ・セッティメッリ、画家ジャコモ・バッラ、作家レーモ・キーティが連名で一九一六年に起草した「未来派映画宣言」では、現実から切り離され、絵画や写真や演劇とも異なる（あるいはそれらを内包する）、「複数感覚plurisensibilità」にふさわしい新しい映画の独自性が謳い上げられた。たとえば、「優雅さに抗い、デフォルメされ、印象主義的で、綜合的で、ダイナミックで、自由語parolibero となる」といった具合に。それはまた、「多表現的なシンフォニー la sinfonia poli-espressiva」とも言い換えられる。ここで音楽とのアナロジーが重要な鍵概念になっていることは、忘れずに付言しておかなければならない。つまるところ未来派映画とは、「絵画、建築、彫刻、自由語、色彩音楽、線、形態」からなる「カオス的対象と現実の寄せ集め accozzo」なのである（Marinetti et al. 1916）。

とはいえ、実際に製作された作品は多くないうえに、そのほとんどが失われているため、具体的に全容を推し量ることは難しい。この宣言の理念のもとに、画家のアルナルドとブルーノのコッラディーニ兄弟が、マリネッティらとともに製作したと考えられる伝説的な実写作品、『未来派の生命』（一九一六年）については、残念ながら、わずかのフォトグラムが残るのみである（Lista 2001）。

図１　アルナルド・ジナンニ＝コッラディーニ《色彩の和音》

さらに、すでにワシリー・カンディンスキーやピエト・モンドリアンに先駆けて、《色彩の和音》（一九〇九年、ローマ、個人蔵、図1）のような抽象的な絵画を残しているアルナルドは、早くも一九一一―一二年の時点で、音楽やダンスとのアナロジーを念頭において、表面にゼラチン処置の施されていないフィルムに直接描くことで、色と形と線のみによる抽象的な動く絵画を構想し、みずから「抽象映画 cinema astratto」とか「色彩音楽 musica cromatica」と呼ぶ作品を何本か製作したことが知られているが、こちらもいずれも現存していない（Verdone 1985）。

これらはおそらく、直接的であれ間接的であれ、『ルネサンス』（一八七三年）の著者ウォルター・ペイターのよく知られた理念「すべての芸術は音楽の状態を憧れる」に結び付くもので、カンディンスキーやロベール・ドローネー、フランシス・ピカビアらを抽象絵画へと突き動かしていたものとも重なる（彼らの作品のタイトルに音楽用語が頻繁に使われるのは偶然ではない。岡田二〇一四)。

コッラディーニ兄弟の動画「色彩音楽」の試みは、ほどなくしてパリで活躍したロシア出身の画家、レオポルド・シュルヴァージュの映像作品『色彩のリズム』(一九一二―一四年)に受け継がれることになるが、遺憾なことにこちらも、そのための二百枚近くの水彩画(ニューヨーク、近代美術館ほか)が残るだけで、フィルム自体は伝わっていない(二〇〇五年にハンガリーの映像作家ブルース・チェスフスキーによって仮説的に再現された動画をYouTubeで見ることができる)。一九二〇年代に入ると、実験的で抽象的な映画の先駆者として評価される作家たち――ハンス・リヒター、ヴィキング・エッゲリング、ヴァルター・ルットマン――が、相次いでドイツに登場することになるが、彼らとピランデッロとのあいだには実は隠れたつながりがある。これについては本章の最後で触れることになるだろう。

ディーヴァ映画と未来主義の混交――ブラガリアの『タイス』

さらに、未来派的な映画として、不完全ながら現存するほとんど唯一のものに、「フォトディナミズモ」の写真で知られるアントン・ジュリオ・ブラガリアがメガホンをとった『タイス』(一九一七年)があるが、物語それ自体は基本的にファム・ファタル的な主題であり、ディーヴァ映画とさしてかけ離れたものではない。現在見ることのできる三十五分余りの全篇のうち(オリジナルは一時間強)、ヒロインのタイスが男たちをもてあそび破滅させるばかりか、女友達さえ裏

図2　ブラガリア『タイス』より

図3　ブラガリア『タイス』より

切って死に至らしめるまでの全体の五分の四は、ダヌンツィオ的でワイルド風の世紀末のデカダンス劇で、映像の面でもこれといった特徴があるわけでもない。タイスも、美しいロシアの未亡人という設定だから、ロシア出身のサイレントの大女優アナ・ナジモヴァを連想させるところがある。

　とはいえ、終わりのおよそ七分間、つまり、迷宮のような別荘のなかで後悔の念にさいなまれながら自殺を図るタイスを描いたシークエンスには、未来派的な理念が映像化されていると見ることはできる。その幾何学的で抽象的な室内空間のセットを担当しているのが、「未来派舞台美術宣言」（一九一五年）を起草したことでも知られるエンリコ・プランポリーニ。強迫観念と譫妄《せんもう》に取り憑かれ、めまいと錯乱のなか、ヒステリーさながらに乱舞するタイスの身体は、あるときは、幾つもの渦巻線や入れ子状の方形の背景のなかに呑み込まれ（図2）、またあるときは、画面を横切る何本もの鋭い線によって突き刺されるかのように見える（図3）。それらのカットがリズミカルにつながれていく。そしてついに彼女は、画面にあふれる煙と光のなかに揮発するようにして消尽する。物質や身体がまるで蒸気のごとく気化していくような運動のイメージは、ブラガリアの写真「フォトディナミズモ」――たとえば一九一一年の《位置の変化》(図4)——の特徴でもあるが、それを動画で表現しようとしたのだろう。ちなみに、ここでひとつだけ言い添えておくなら、『タイス』のセット・デザインを担当したプランポリーニは、映画宣伝用のポスターも製作しているのだが(図5)、その様式は未来派風というよりも、広く大衆にアピールしそうなアール・デコ調の装飾性の強いもので、用途によって巧みに様式を使い分けていることがわかる。

ピランデッロとブラガリア——映画のなかで進行する映画製作

おそらくピランデッロもこの映画を見ていたにちがいないことは、『カメラを回せ』の映画化をブラガリアに依頼しようとしていたことが証言している。一九一八年にこの写真家に宛てた手紙のなかでピランデッロは、「ひじょうに独創的な映画になるでしょう。シネマトグラフのなかで進行するシネマトグラフです。ドラマは実際にも、フィルムの製作のあいだに展開するのですから。それはとても素晴らしい場面とな

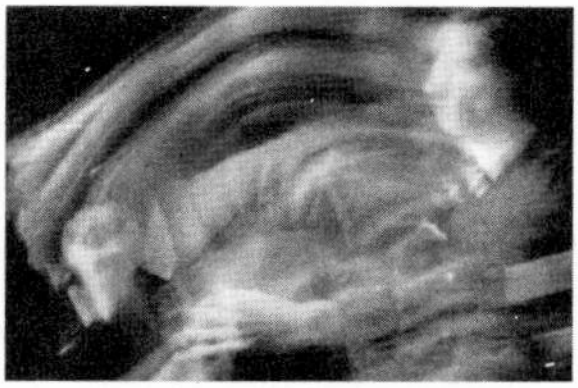

図4　ブラガリア《位置の変化》

図5　プランポリーニ『タイス』のためのポスター

るでしょう」(Callari 1991: 88)、と期待に胸を弾ませているのである。残念ながら実現はしなかったが、もしも完成していれば、『カメラを回せ』という映画は、そのなかで『女とトラ』という映画の製作が進行している、一種のメタ映画のようなものになっていたと想像されるのである。『作者を探す六人の登場人物』が新しいメタ演劇であるとすると、その作者ピランデッロは、メタ映画らしきものも同時に構想していたことになる。

シネマトグラフのなかでシネマトグラフの製作場面が描かれる早い例としては、フランスの美しいサイレント作品、レオンス・ペレの『カドール岩の謎』(一九一二年、四十五分)があるが、これは、命を狙われたことでトラウマに陥り、言葉と記憶を失った娘を、そのときの状況をシネマトグラフで再現したものを見せることで治癒させるという心理的ストーリーであった。これにたいして、ピランデッロ作品が期待どおりに実現していたなら、まさしく映画製作そのものが入れ子状に主題となる映画になっていたはずで、その意味で、この種の傑作の数々、たとえばイングマール・ベルイマンの『牢獄』(一九四九年)、フェデリコ・フェリーニの『8½』(一九六三年)、さらにはアルベルト・モラヴィアの原作をジャン=リュック・ゴダールが映画化した『軽蔑』(一九六三年)などをはるかに先駆ける作品になっていただろうことが予想される。映画中映画の『女とトラ』のファム・ファタル役に、ピランデッロが、当時ディーヴァ女優として人気を博していたピーナ・メニケッリの起用を考えていたことも、同じ手紙からうかがうことができる。

とはいえ、一方でダヌンツィオ的なメロドラマ史劇に批判的なピランデッロが、他方で、未来派の楽観的な機械礼賛やスピードの美学にたいしても反対の立場をとっていたことは、すでによく知られている事実である。つまり、『カメラを回せ』の作者は、反ダヌンツィオでもあれば反未来派でもある。まさにその張本人が、たとえ映画化は実現しなかったにしても、未来派の写真家ブラガリアに監督の白羽の矢を立て、人気のディーヴァ女優をヒロインに望んだということになる。このあたりの選択にも、ピランデッロと映画との錯綜した関係を垣間見ることができるが、詳しくは『カメラを回せ』を分析する以下の節に委ねることにしよう。いずれにしても、ピランデッロの本作は、複数の潮流がしのぎをけずるイタリア映画のまさしく最初の黄金期に、肯定的にせよ否定的にせよ、それに敏感に反応するようにして書かれたと想定されるのである。

ジョヴァンニ・パピーニの「映画の哲学」

その分析に入る前に、こうした状況下において、シネマトグラフがイタリアでどのように評価されていたのか、そのいち早い反応を、いずれもやはり両義的な二つの言説から確認しておこう。ひとつは、フィレンツェ出身のモダニストの作家、ジョヴァンニ・パピーニによる短いが濃密な評論「映画の哲学」(Papini 1907)であり、もうひとつは、道徳的な小説『クオーレ』の作者として日本でもおなじみのエドモンド・デ・アミーチスの短篇「大脳シネマトグラフ」(De Amicis 1995［1907］)である。これらはいずれも、フランスやドイツにおける映画をめぐる言説に先んじるもので、その意味で、ここで両者の重要な論点を比較的詳しく検討しておく価値は十分にあると考える。

個人的にも交流のあったフランスの哲学者アンリ・ベルクソンの影響下、シネマトグラフを哲学的な考察の俎上に載せるパピーニは、ベンヤミンやジークフリート・クラカウアーをも先取りするかのように、映画の「気散じ distrazione」について語るのだが、意味は転倒している。つまり、「ワーグナー的なホールの暗闇のおかげで、この唯一の感覚〔視覚〕は、人工的に散漫さ〔気散じ〕から解放される。このホールの暗闇のなかでは、照明が強すぎる劇場でしばしば見られるのとはちがって、注意や合図やまなざしが逸れてしまうことはない」というのである。が、ジョナサン・クレーリーがいみじくも示してくれたように、十九世紀末以降における知覚の変容のなかで、散漫は注意の対極にあるというよりも連続していて、両者の境界はあいまいなものになる。注意はトランスや自己催眠へと通じてもいる（『知覚の宙吊り』）。パピーニが語るシネマトグラフの効果も、このような気散じと注意との見分けがつかなくなる閾で生起するもののことであるように、わたしには思われる。

また、「映画は、時間のなかで像が展開されているのを見えるようにする。映画は、この世の他のいかなるものも与えることのできないものを、わたしたちの好奇心に提供することができる。それは、変容の場面である」と述べるパピーニは、時間を変容させる映画の可能性に驚異と期待を抱いているが、ここには、ベルクソンを介して映画を時間イメージとして読み解くジル・ドゥルーズの論点すら予告するところがある。さらにつづけて、「それゆえシネマトグラフは、想像力の発展の一助となる。つまり、悪しき結果をともなわない一種のアヘンであり、まったくありそうもない空想の視覚的な実現である」とも指摘している。「アヘン」の比喩をもちだすところは、宗教をめぐるマルクスの評価（『ヘーゲル法哲学批判叙説』）が念頭にあったからだろう。

さらに、伝統的に聖と俗、天上と地上、夢と現実、超越と内在という二極を媒介してきた「天使」の美しい比喩を使って、次のようにも述べられる。いわく、「映画は単に、〈光のささやかなイメージ piccole immagini di luce〉、二次元のささやかなイメージでできているに過ぎないが、それにもかかわらず、運動と生《せい》の印象を与える。映画はいわば最小限に切り詰められて霊的なものとなった世界であり、深さも堅さもないエーテルや天使のような素材でできている。それは夢にも似て、速くて空想的で非現実的なものである」と。リアルとヴァーチャルのあいだを往来する映画の特性が、詩的な表現で喝破された一節である。

この小論の最後は、映画を見るという行為の特異性によって締めくくられる。「〔映画のなかに〕エフェメラルで光に満ちたわれわれ自身のイメージを見ることで、われわれは、まるで〈神々dei〉にでもなって、自分たちのイメージに似せてつくられた被造物を眺めているかのように感じる。そして、無意識の内にこう考えるようになる。ちょうど、われわれがシネマトグラフの人物像たちを見ているように、われわれを見ている〈誰か qualcuno〉がいる、と。われわれは、自分のことを具体的で現実的で永遠だと感じているかもしれないが、この〈誰か〉を前にすると、彼らの眼を楽しませるために急いで死へと走っていく色つきのイメージにしか過ぎないであろう」。わたしたちは、映画を見ると同時に、映画からも見られている。ここでいう「誰か」とはまた、「他者」のような自己の「分身」と言い換えていいだろう。同じく詩的な表現に満ちたこの一節を読むとき、わたしは、見ることと見られることとが同時に生起する鏡としての映画、あるいはイデオロギー装置としての映画という、一九七〇年代に活況を呈することになる映画理論――広くは美術理論――のことを想起しないではいられない。

デ・アミーチスの「大脳シネマトグラフ」

一方、デ・アミーチスの「大脳シネマトグラフ」は、妻と子供を劇場に送ってしばし日常から解放された主人公の男「ナイト il Cavaliere」が、時間つぶしに三時間ほどのあいださまざまなイメージを遊ばせ膨らませるという空想的な短篇小説で、映画について直接論じるものではないが、タイトルにも示されているように、その脳の働きが、シネマトグラフの体験になぞらえられているという、今日の認知心理学にもつながるような逸品である（芥川龍之介の一九二〇年の短篇「影」に通じるところもある）。少し長くなるが、たとえば次のような象徴的な一節を引用しておこう。

彼〔主人公〕は数か月前に観たオペラのことを思った。ステージの上には醜い面の男がいた。彼の考えはさらに、ラ・スペーツィアの造船所に、サン・ピエトロ大聖堂に、若いころに縦断したことのあるアルプスの氷河の真っ只中に走った。どの場所でも、やぶにらみの数々の目がきらきら光っているのが見えた。彼はそれに苛立ち、ほとんど肝をつぶしそうになった。すると、一匹のアリを見たときのことを思い出した。そのアリは、必死であちこち走りまわったあとで、再び穴に潜ったかと思いきや、穴から出てきたり隠れたりして、もっと小さなアリと一緒に再び姿を現わした。このアリもまた彼の頭にこびりついていて、もはや一時の安らぎも与えられないように思われた。この忌まわしいイメージから解放されることはないのだろうか。彼の正気を失わせている強迫観念の発端は、何だったのだろうか。そこから解放されるには、何を考えればいいのだろうか。

みずからの空想に享楽すると同時に振り回されてもいるこの男は、まさしく注意と気散じとの闘に身を置いている。その脳内イメージは、トスカーナ地方のラ・スペーツィアからヴァチカンを迂回して一気にアルプスに飛んだかと思うと、たちまち一匹の小さなアリへと焦点を合わせる。パノラマからクロースアップへの突然の転換——ズーム——である。そしてここにもまた、向こうからこちらを見返すまなざしが登場している。かくて彼は、強迫観念のように次々と押し寄せてくる空想のイメージから解放されることはない。そしてついに、こう悟るにいたる。「だから、彼は考えたいと思っていたことを考えていたのではない。考えるよう誘導されていたことを考えていたのだ。だとすると、思考の自発性や思考の自由とはいったい何なのか。意志とは何なのか。

ているのである。

装置の望むままに作動する思考機械でないとすれば、彼はいったい何ものなのか。せいぜい彼は、その見物人に過ぎないのではないか」。想像に遊ばされる主人公の男の口を借りて、いみじくもデ・アミーチスは、映画がひとつのイデオロギー装置として機能することをそれとなく言い当てているのである。

だが、それにもかかわらず、映画の魅力には抗しがたいものがある。「なぜ求めているのか。どの方角に向かうのか。闇のなかで空虚を前にして。それから……なぜ求めるのか。知性ある男が、そんな虚しさのなかに埋もれることなどできようか。そんなふうに心のなかで彼がうわごとをつぶやいたのは、はじめてのことだった。彼に何が起こったのだろうか。子供に戻ったのだろうか」。すると再び場面がクロースアップして、「彼のまなざしと考えは、毛むくじゃらで肌の荒れた大きな手の甲に釘づけになった」。ヴァルター・ベンヤミンを先取りするような、映像の触覚的性格が、ここに見え隠れしている。

そして最後に主人公は、ある種のカタルシスを味わって、改めて「聖人」のように生きなければと決意を新たにする。「果てしない虚空のなかを回転している地球の上で、大砲の弾丸のような速さで、思い悩んだり苦しんだりしている、いかにもちっぽけな者たちのこの束の間の雑踏は、なんと惨めなものか。この考えに埋没するや、彼には突然、光輝く巨大なヴィジョンが開かれた。そこでは、目もくらむほどに無数の世界が同時に飛び出し回転していた。そして、明白な絶対の確信をもった。神がそれらすべてをつくり、動かし、眺めているのだ、と。この確信とともに彼は、自分の意識を整え、心を奮い立たせて、聖人のように生きようとする必要を深く感じた」。

映画館を出たときに誰もが味わうような感慨をつづったこの一節が暗示しているのは、映画が基本的に宗教的、もしくはカトリック的なものだということである。この点に関してわたしは以前に比較的詳しく論じたことがあるので繰り返しは控えたいが、ひとことで言うなら、つまるところ映画とは世俗化した宗教にほかならない、ということである。教会堂が映画館へと、聖体拝領が大衆的カルトへと姿を変えたのだ。映画とはまさしく、気晴らしにして再創造《レ・クリエーション》でもある（岡田　二〇一七）。

とはいえ、この短篇小説「大脳シネマトグラフ」はこれで終わりではない。主人公はこう独りつぶやく。「では、一人のうちに二人いるのか。もう一人は誰だ。おれか……。おれは誰だ」。そして、「このとき彼には、自分が自分でないように思われた」、と結ばれる。かくのごとく、映画はまた、わたしたちにある種の自己分裂や自己疎外を体験させる装置でもあるのだ。

ここまで見てきたように、パピーニもデ・アミーチスも、諸手を挙げて映画を歓迎しているというよりも、その新しさと可能性に期待しつつも、同時に、問題点や危険性をも直観していたのである。

カメラに自己同一化する主人公

さて、やや前置きが長くなってしまったかもしれないが、ここから本題のピランデッロの中篇

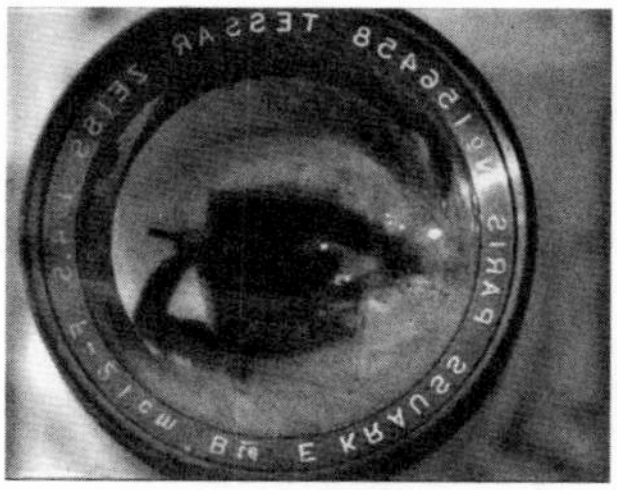

図6　ヴェルトフ『カメラを持った男』より

小説『カメラを回せ』に入り、そこにちりばめられている映画をめぐる作者の見解を拾ってみることにしよう（引用の後のカッコ内の数字は、小説に記された日記の番号と節を示す）。

ローマのスタジオで『女とトラ』というメロドラマのディーヴァ映画を撮っている若い主人公のカメラマン、プチ・ブルにして知識人でもあるセラフィーノ・グッビオは、最初から次のように自分の役割を規定している。すなわち、「ぼくは機械に自分の目をゆだねることしかやらない。どこまで撮影するかは機械が示してくれるからね」、「そうしてハンドルを回しはじめるのさ」（1・I）、というわけである。つまるところ彼は、カメラを自分の目の延長としてとらえ、その機械の目となることをみずからに任じているのである。

さらに、こうつづく。「〈ハンドルを回す手〉。この手なしでやっていけるだろうか。それもなしにして、何かの仕掛けに換えることはできないだろうか」（1・I）。つまり、カメラをのぞき込む目だけでなく、そのカメラを回す手もまた、撮影技師グッビオ本人のものではなくて、カメラの自動的な延長とみなされているのである。それはまた、これまでにも指摘されてきたように、『カメラを持った男』（一九二九年）を撮ったジガ・ヴェルトフの唱える理念、「キノ・グラース（カメラ・アイ）」を先取りするものでもある（Ochsner 2008）。このドキュメンタリーにおいて、カメラはしばしばひとりでに回りだし、まるでスキャニングするかのように、ロシアの都会の日常を記録していく。そればかりか、まさしくカメラのレンズと撮影者の目と手の三つがひとつに重なり合うショットまで用意されている（図6）。それはあたかも、自分の目と手をカメラに合体させようとするグッビオの願望を映像化したかのようである。

　ただし、ピランデッロの主人公とロシアの監督とが決定的に異なるのは、後者が、カメラの果たす革命的な使命、人間の目をはるかに超える力と可能性に大きな信頼を置いているのにたいして、前者は、人間の自己疎外の徴候をそこに読み取っている点である。グッビオにとって、自分の目となるカメラは同時に「怪物」でもあり、作中で何度もそう呼ばれているように、「三脚の上にのる黒い蜘蛛」である。それは、生血を吸う蜘蛛さながらに、人間の生を糧にしている。「機械は行動し動くためにつくられているから、ぼくたちの魂を呑み込んで、ぼくたちの人生を貪り食わなきゃならない」（1・Ⅱ）というわけである。逆説的なアイロニーを込めて、撮影技師グッビオはこうも述べる。「ぼくはぼくの機械を使う。それを回すと食っていけるからね。だけど魂は、ぼくには何の役にも立たない。ぼくの役に立つのは手だ。つまり手が機械の役に立つんだ」（1・Ⅱ）。主体はもはや「ぼくの手」ではなくて、「機械」のほうにある。人間の手を離れて独り歩きするカメラに逆

図7　キートン『カメラマン』より

に人間が振り回される、それは後にバスター・キートンが『カメラマン』(一九二八年)で描くことになる筋書でもある(図7)。

みずから機械となるため、グッビオはできるだけ「無感動」――つまり冷静――でいようとする。後に名高い批評家アンドレ・バザンは、一九四五年の先駆的論考「写真映像の存在論」で、カメラを「無感動な機械」と呼ぶことになるのだが(バザン 二〇一五)、まるでそれを先取りするかのようである。「実をいうと、ぼくのような仕事をしている者にいちばん求められる性質は、機械の前で繰り広げられているアクションにたいして〈無感動〉であることとさ。この点では、メカニックなもののほうがたしかにずっと適任で、人間よりも好ましい」。が、それは容易なことではない。「だけど、いちばん難しいのはここだね」(1・Ⅰ)と結ばれるのである。事実、シナリオではライオンが撃たれることになっているラストで、まったく予想外にも、俳優の嫉妬から主演女優が目の前で本当に撃たれる瞬間をカメラに収める羽目になって、それでなくても憂鬱質のグッビオは、文字どおり失語症に陥ってしまうのである。「ぼくは、うめくことも叫ぶこともできなかった。恐怖のため、ぼくの喉から声が永遠に失われてしまったのだ」(7・Ⅳ)。

一方で、カメラという機械は魂を呑み込む吸血鬼のような「黒蜘蛛」なのだが、他方で、人間にとってもはや「魂など何の役にも立たない」。ここには、ピランデッロ特有の逆説が効いている。それゆえ、撮影技師グッビオに、「人生を機械化する機械、万歳!」(1・Ⅱ)と叫ばせているのだが、それは、機械礼賛の美学を謳う未来派への強烈な皮肉のようにも聞こえる。

俳優の自己疎外

撮影機械によるこの人間の疎外は、当の役者たちにもまた当てはまる。「折り畳み式の三脚の上で待ち伏せている大蜘蛛のような、この耳ざわりな機械を前にして、役者たちもまた自分たちがその奴隷であると感じる」(3・Ⅵ)。黒い蜘蛛〔カメラ〕は、役者の生きた現実を吸い取り、呑み込んでしまうのだ。『女とトラ』の女優はスクリーンに映る自分を自分と認識することができないで啞然とする。

「役者からその現実を奪い、機械にそれを食わせている輩、そして彼らの身体を影に縮小している輩」が、カメラと一体になった自分であることも、グッビオははっきり自覚している(3・Ⅵ)。撮影スタジオではいったい何が起こっているのか。彼の手記に以下のようにある。

彼ら〔監督〕はシナリオを手にして、個々のシーンで展開されるアクションを、そのつどしばしば気まぐれに役者たちに指示することで満足している。だって、ショットの芝居では、すべてのシーンを、ひとつひとつ順番に演じることはできないからね。だから、全体のどの部分が演じられているのかさえわからないことがよく起こるし、役者がこんなことを聞いたりすることだってある。「すみません、ポラッコ〔監督の名前〕、わたしは夫ですか、それとも愛人ですか」、なんてね。(2・Ⅳ)

中断をはさみながら順不同で小刻みに進行する役者の演技とその撮影をめぐって、小説の主人公グッビオのこの鋭い観察を受けるかのようにして、ベンヤミンは後に『複製芸術時代の芸術作品』において、演劇とは異なる映画の演技について、次のように述べることになるだろう。いわく、映画製作のメカニズムは基本的かつ必然的に、「俳優の演技を、あとからモンタージュ可能な一連のエピソードに分解」させなくてはならない、と（ベンヤミン　一九九五a：六〇九）。

さらに、映画の役者たちの演技をめぐるグッビオの的を射た見解に耳を傾けてみよう。少し長くなるが引用しないわけにはいかない。

〔映画では〕役者たちは追放されているように感じる。舞台から追放されているだけではなくて、まるで自分自身からも追放されているかのように。なぜなら、彼らの演技、つまり彼らの〈生きた〉身体の〈生きた〉演技が、映画のスクリーンの上にはもはや存在しないからだ。そこにあるのは、一瞬の身振りと表情でとらえられ、飛び跳ねては消えていく〈彼らのイメージ〉ただそれだけ。不安感とともに、名状しがたい欠如あるいは空虚感のなか、彼らは混乱して、自分の身体がまるで抜き取られ、宙吊りにされ、動くことで生じる現実感や呼吸や声や雑音を奪われ、ただ無言のイメージになってしまったかのように感じる。このイメージは、一瞬だけスクリーンの上で揺らめいて、突然に沈黙のなかへと消えていく。実体

のない影のように。生気のない一片の布の上のイリュージョンの遊び。(3・Ⅵ)

最先端の演劇人でもあった著者の面目躍如といったところであろうか。やはりベンヤミンが後に、映画の俳優における人格の「アウラの断念」と自己疎外について語ることになるのは、ピランデッロのこうした観察を受けてのことであった。演劇において役者は、「いま、ここに在ることと切り離せないアウラ」を帯びることがあるが、機械装置にたいしてなされる映画の演技では、それはなかなか起こりえないだろう。

産業化していく映画の勃興のなかで、演劇の大衆的な人気が相対的に衰え、劇場から離れた人々の足が映画館へと向かっている現状も、ピランデッロにとってはもちろん他人ごとではありえない。グッビオの口を借りて、作者は思わずこう愚痴をこぼしているほど。「機械は、巨額の収益を生みだすことで、役者たちを雇い入れ、どんな劇団の支配人や演出家たちよりもずっといい報酬を彼らにもたらすことができる。それだけではない。機械は、その機械的な複製によって、つねに新しいスペクタクルを多くの大衆に安価で提供することができるから、映画館を人で満たし、劇場を空っぽにする。だから、いまやほとんどすべての劇団の状態は惨めなもので、憔悴のせいでもあるまいに、映画館の入口で殴りあいまでしかねないほどだ」(3・Ⅵ)。あくまでも悲観的であるとはいえ、「機械的な複製 riproduzione meccanicha」という言い回しや、それがもたらす効果についてもまた、ベンヤミンを先取りするところがある。

「ここスタジオには、著名な作家たち、喜劇作家たち、詩人たち、小説家たちが集まってくる。そしてみんないつものように威厳をもって、産業による〈芸術の再生〉を提案するのだ」(3・Ⅵ)。このセリフには、明らかに、活劇とディーヴァの映画に積極的にかかわっていた作家、ダヌンツィオへの痛烈な皮肉が込められている。

予期せぬどんでん返し──「子宮」としてのシネマトグラフ

カメラは、撮影者からも役者からも「生命」を奪い取ってしまう。「生命については、孤独な虫けらに悩まされる獣のような貪欲さで、機械が貪り食ってしまった」(3・Ⅲ)。ここで「虫けら」にたとえられているのは、ほかでもなく、後に『カメラマン』のなかでバスター・キートンの身体にもつれつくことになる長いフィルムである(図7)。だが、意外なことに、予期せぬ逆転が次に待っている。

ここでどんでん返し。地下の広い部屋〔撮影スタジオ〕は、陰気な赤いランタンでかろうじて照らされていて、水浴のために準備された巨大なたらいを、不吉にもかすかに血の色に染めて幻惑している。機械に呑み込まれた生命はそこにある。孤独な虫けらたちのなかに、つまり、枠のなかに巻きつけられたフィルムのなかに。このもはや生命ではない生命を固定する必要がある。もうひとつ別の機械によって、多くの瞬間で、その生命に再び中断された運動を与えてやるためにね。ぼくたちは、まさに子宮のなかにいるようなものさ。そこでは、機械的な奇形の懐胎が起こり進行しているんだ。（3・Ⅲ）

みずからの仕事をシニカルに揶揄してきたカメラマンは、それにもかかわらず、そこから新たな何かが胚胎することを予感してもいるのだ。「ぼくたちは、まさに子宮のなかにいるようなものさ」、このセリフが何よりそれを物語っている。生血を吸い取るシネマトグラフの四角い箱、ひいてはその拡張としての撮影スタジオは、たとえるなら「子宮」のようなものでもある。ピランデッロは、映画を否定すると同時に肯定し、嫌悪すると同時に魅了されてもいる。フロイトの理論「否認」を俟つまでもなく、ひとりの人物のなかで、正反対のことが同時に起こりうるのである。これはまた、自己の同一性よりも分裂や仮面性のほうに関心を抱きつづけてきたこの作家の特性でもある。グッビオもまた、次のように述懐する。「ぼくたちはみんな個の統一性とやらの偽りの観念に染まっている。けれど統一性というのは、諸要素のあいだの関係性のなかにある。つまり、関係性がわずかでも変化するなら、統一性もまた当然ながら変わるということだ」（3・Ⅴ）。その言葉のとおり、いまや演劇と映画の「関係性」が変化しつつあるのであり、それを自己の分裂として真剣に受け止めようとしているピランデッロは、分身でもあるグッビオにさらに以下のように言わせている。

遊びのために働くんじゃない。だって、誰も遊びたいなんて思っていないからね。自分自身ではなくて他人を惑わすよりほかに目的がないような仕事を、どうして本気でできるだろうか。惑わすだって。いちばんばかげた虚構を組み立てるってことでね。その虚構その虚構に驚くほどの現実感を与えるために機械が使われるってわけさ。当然いささかのごまかしもなくね。に驚くほどの……そこから立ち現われるのがハイブリッドな遊び。なぜハイブリッドかというと、その遊びでは、あまりごまかしの利かない手段、つまり写真による複製によって実行されるまさしくその瞬間に、虚構の愚かさが暴かれて際立つことになるからだ。（3・Ⅲ）

いみじくもここからわたしたちが聞き取れるのは、一九一五年というきわめて早い時点で、演劇人ピランデッロが映画に与えた見事な定義である。すなわち、「驚くほどの現実感を虚構にたいして与えるハイブリッドな遊び」である。ここで「ハイブリッド ibrido」という形容は、とりわけ傾聴に値する。というのも、映画の詩学を「ハイブリッド」と明確に定義したのは、わたしの知るかぎり一九六〇年代のパゾリーニが最初であったように思われるのだが、ピランデッロはこれをおよそ半世紀も先んじているからである。が、先に見た「未来派映画宣言」においても、すでに「寄せ集め accozzo」という言葉が使われていたことも思い出しておこう。未来派嫌いのピランデッロが、それにもかかわらず、『タイス』の監督ブラガリアに『カメラを回せ』の映画化を望んでいたというのは、まさしく作家が新しい芸術動向に無関心ではいられなかった証拠であろう。

「あるがままの人生を、ただあるがままにとらえるとしたら……」

シチリアのカオス――「混沌」と同じ名――という小さな町の出身のピランデッロはさらに、映画にもうひとつの可能性を託そうとしている。ここでもやはり、彼の分身グッビオの手記から、それがうかがえる箇所を拾っておこう。

けれども、ばかげた作り事や、場面や筋書の空想的な組み立てなど一切なく、あるがままの人生を、選択することも意図することもなく、ただあるがままにとらえるために〔カメラが〕使われるとしたら。生きているときに意識することなくなされるような、人生のさまざまな振舞い、それを隠れた機械が不意につかまえるのだろうか。何と滑稽に見えることだろうか、何よりもぼくたち自身が。まずもって、自分だとは気づかないかもしれない。びっくりした、恥ずかしい、むかつく、などと叫ぶだろう。いったいどうしたことか？　ぼくがこんなだって？　これがぼく？　こんな風に笑う？　ぼくがこんなことをするか？　これがぼくの顔？（4・Ⅲ）

さらに以下のようにつづく。

ああ、ぼくの職業がただこのことにだけ向けられるとしたら。ただ思いがけない行為の滑稽なスペクタクルを人々に示すという意図にだけ。彼らの感情や、彼らのあるがままの生《せい》の直接的な光景にだけ。落ち着きもなければ、完結することもないこの生《せい》の光景にだけ。(4・Ⅲ)

作中で撮られているという設定のディーヴァ映画『女とトラ』について、ピランデッロの分身グッビオは、通俗的でばかげたものだと思っている。それにたいして、彼が欲しているのは、「あるがままの生の直接的な光景」にカメラを向け、「あるがままの人生を、選択することも意図することもなく、ただあるがままに」とらえたいということである。が、その欲望はかなえられない。驚くべきことに、ここにはほとんどネオレアリズモの手法や、ジークフリート・クラカウアーやアンドレ・バザンを先取りするような映画観が表明されているように思われる。

とはいえ、実際におよそ三十年後の理論や実践にどんな影響を与えたかは、目下のところは不明である。おそらく、直接のつながりはないかもしれない(先述したように、ベンヤミンが『カメラを回せ』を読んでいたとするなら、クラカウアーも知っていた可能性は否定できないだろう)。いずれにしても、小説のなかで『女とトラ』というディーヴァ映画を撮っている撮影監督は、他方で、そのメロドラマ的な虚構性とはまったく性質の異なる、完結することのない「あるがままの生 la vita cosí comè」をカメラに収めてみたいと望んでいるのである。それはもちろん、作者ピランデッロの密かな願望でもあったのだろう。

　さらにまた、クロースアップの効果についても、グッビオに次のように言わせている。いわく、「〈睫毛の数も数えられる〉ほどクロースアップされた〔ingrandita〕君のイメージで、世界中を満たし驚かせようとでも思っているのかい。ひとつのフィルムが持続することを君は欲しくているのか」（7・Ⅲ）と。この一節を読むとき、わたしは、その手法の名手でもあったジャン・エプスタンの著書『映画よ、こんにちは』（一九二一年）のなかの、たとえば次のような言い回しを想起しないではいられない。

> クロースアップは、近さの印象によってドラマを変化させる。苦痛は手の届くところにある。もしもわたしが腕を伸ばせば、わたしは親密に君に触れる。わたしは、この苦しみの表情の睫毛を数える。(Epstein 1974: 98)

図8　エプスタン『忠実なる心』より

　このフランスの監督は、それをたとえば美しいメロドラマ『忠実なる心』（一九二三年）のヒロインのショットの数々で実現してみせることになるだろう（図8）。もちろん、ここでも影響関係が問題なのではない。わたしが強調したいのは、ピランデッロがいかに映画の可能性に目を開いていたかという点である。一九一五年のフィルム・ノヴェル『カメラを回せ』は、まさしくそれを今に伝える隠れた名作なのだ。

映画への期待と不信

さて、ピランデッロが『カメラを回せ』の映画化を『タイス』の監督ブラガリアに託そうとしていたものの実現しなかったことは、先に述べたとおりである。たとえばジョヴァンニ・パストローネのような、当時人気のあった史劇や活劇の監督にではなくて、実験的な写真家ブラガリアに白羽の矢を立てたというのには、おそらく、ダヌンツィオと一線を画すとともに、みずから「シネマトグラフのなかで進行するシネマトグラフ」と呼ぶような、メタ表象的な新しい入れ子構造の映像化への期待があったからだろう。が、残念ながらそれが日の目を見ることはなかった。

一方、代表作である『作者を探す六人の登場人物』（一九二一年）の映画化についてその作者は、『吸血鬼ノスフェラトゥ』（一九二二年）や『ファウスト』（一九二六年）で知られるドイツ表現主義映画の巨匠、フリードリヒ・W・ムルナウがメガホンをとってくれることを希望していて、コンタクトもあったようだが、こちらもやはり実現はしていない。ベルリンに向かう途中、ミラノでムッソリーニ主幹の新聞『ポポロ・ディターリア（イタリア人民）』のインタヴュー（一九二八年十月四日）に応えて、次のように述べている。「演劇でわたしは革命家となりました。できるならば、そしてできると信じているのですが、シネマトグラフの分野でも、わたしの夢見る革命をもたらしたいと考えています。ムルナウはおそらくわたしについてきて、わたしを理解し、すでにわたしのなかにあるものを実現するのに必要な資金を見つける手助けをしてくれることでしょう」(Callari 1991: 39)。演劇の革命家が映画にも革命をもたらす。自信と期待にあふれるセリフだが、おそらく勢い余ってしまったのだろう。

その監督をみずから買って出たのが、『人でなしの女』(一九二三年)などで、キュビズムとアール・デコを融合させた斬新な造形感覚を存分に発揮してみせたフランスのマルセル・レルビエだが、この話も結局は流れてしまう。彼はまた、一九〇四年にピランデッロが発表した小説、他人に成りすました男の悲喜劇という、いかにもこの作家らしいテーマの『生きていたパスカル』(一九二六年、百七十分の大作)を、イタリアでのロケ――サン・ジミニャーノやローマなど――を盛り込みながら映画化していた

図9　レルビエ『生きていたパスカル』より

図10　レルビエ『生きていたパスカル』より

が、それは、デカダンスな雰囲気、強い明暗の効果、主体の分裂と分身のモチーフ、降霊術などの幻想的イメージにおいて、ドイツ表現主義的な性格の濃い作品になっている。とはいえ、たとえば主人公が司書として働きはじめた埃だらけの廃墟さながらの利用者もいない図書館の場面に顕著なように、ピランデッロ好みの不条理な諧謔にも欠けてはいない（図9）。また、主人公パスカルを演じたロシア出身の名優、イワン・モジューヒンの演技とクローズアップの効果によって、映像は、たとえばテヴェレ川にかかる天使橋の下でシルクハットにピストルを当てて自殺を偽装する場面などのように、共感と冷笑とが同居しうる反対物の一致というピランデッロ的なレトリックにも応えている（図10）。原作者本人も、監督レルビエと役者モジューヒンという組合せにいたく満足していたようで、ミラノの新聞『世紀』（一九二四年十月二十九日）にパリから以下のように書き送っているのである。『ドン・ジュアンとファウスト』をきわめて巧みに映像化できた人物〔レルビエ〕は、原作の主題の気高さや哲学的な射程を保持しつつ、小説にはないすべてのものを、映画の実現によってもたらすことができるだろう」（Callari 1991: 308）。

たしかに、わたしたちの劇作家は、演劇はもとより、映画の可能性にも大きな夢を託していたようである。一九二四年にはフランスの雑誌『新文学』でのインタヴューに応えて、「他のいかなる芸術表現の手段にも増して、映画こそが完璧に、わたしたちに思考のヴィジョンを与えてくれるものだと考えています」と述べ、さらにこうつづけている。「夢、思い出、幻覚、狂気、人格の二重化。もしも映画が望むなら、やるべきことはたくさんあるでしょう」と（Jeanne

1924: 7; Andreazza 2006)。映画は「思考のヴィジョンを与える」、この主張はジル・ドゥルーズすら先取りしているように響く。

「シネメログラフィア Cinemelografia」の構想

さらに、トーキーが登場すると、それにたいしてすかさず異を唱えるべく、「トーキーは演劇を滅ぼすのか」という文章を、新聞『コリエレ・デッラ・セーラ』(一九二九年一月十六日)に発表する。やはり少し長くなるが、わたしたちにとってきわめて重要と思われる箇所を引用しておこう。

> シネマトグラフは文学から解放されて、真の表現を見つけなければならない。そのとき真の革命を達成するだろう。物語は小説に、ドラマは演劇に任せておけばいい。文学は、シネマトグラフに固有の要素ではない。その固有の要素は音楽である。文学から解放されて、音楽のなかにすっぽりと浸かりなさい。だが、歌をともなう音楽のなかにではない。歌は言葉である。そして言葉は、たとえ歌われたとしても、イメージとはなりえない。イメージは、語ることができないように、歌うこともできない。メロドラマはオペラの劇場に、ジャズはミュージック・ホールに任せておけばいい。わたしが言っているのは、言葉なしで万人に語る音楽であり、音によって表現される音楽である。シネマトグラフは、こうした音楽の視覚

的言語となりうるだろう。つまり、純粋音楽と純粋視覚である。

二つの美的感覚、すなわち目と聴覚は、優れて唯一の楽しみに結びついている。見る目、聴く耳、音が表現する諸感覚の美と真理のすべてを感じる心。そうした美や真理は、万人のうちにある潜在意識を刺激することで、諸感覚を掻き立てて呼び覚ますイメージのなかに表現される。それは、悪夢におけるように、恐ろしくて思いがけないイメージかもしれないし、夢のなかのように、神秘的で移ろいやすいイメージかもしれない。音楽のリズムの運動そのもののように、目もくらむほどに継起してくるイメージか、それとも安らかで穏やかなイメージかもしれない。

シネメログラフィア、これこそ真の革命、つまり音楽の視覚的言語の名前である。感覚の自然の表出たる民族音楽から、バッハやスカルラッティ、ベートーヴェンからショパンまで、あらゆる音楽の。(Callari 1991: 124-125)

ここで面白いのは、ピランデッロが、いわゆるメディウム・スペシフィック的な考え方——芸術の各ジャンルはそれぞれのメディウムに固有の表現を追求すべきとみなす——と、音楽を介して各ジャンルが交通しうるとするインター・メディア的な考え方の両方を併せもっている点である。前者が、空間芸術(絵画や彫刻)と時間美術(文学や演劇)とを峻別したドイツの文学者、ゴットホルト・E・レッシングの古典『ラオコオン』(一七六六年)にさかのぼるとすれば、後者は、先述した「すべての芸術は音楽の状態を憧れる」という名言を残したイギリスの文芸批評家、ウォルター・ペイターの『ルネサンス』(一八七三年)にさかのぼる。

一般に近代の芸術はレッシングの方向で進んできたとされるが、ペイター的な理念もまたつねに両輪のひとつとして働いていた、というのがわたしの持論で(岡田 二〇一四)、ピランデッロの右の引用もそのことを証言してくれている。彼がトーキーに反対するのは、それによって映画が演劇のようなものになってしまうと考えていたからである。レッシングの教訓に倣うなら、両者はあくまでも混同されてはならない。では、文学や演劇から解放された映画は、どこに向かうのか。そのモデルは、ペイターの理想に即して、内容と形式とが一致している音楽に求められる。そして、映画におけるレッシングとペイターの二つの美学の統合は、「シネメログラフィア Cinemelografia」という新造語で呼ばれる。つまり、「シネマ」と「メロディ」と「グラフ(図)」とがひとつに合体した単語である。これについて、齢五十代のピランデッロは、三十歳も若い彼のミューズにして愛人の女優、マルタ・アッバにも手紙のなかで何度か言及していて、その関心のほどがうかがわれる(Pirandello 1994: 36-37, 42, 46)。

とはいえ、「シネメログラフィア」という新造語によって、彼が具体的にどのような映画を考えていたのかを推し量るのは、容易ではない。音楽のメタファーは、先述したように、すでに一九一〇年代の初めに、コッラディーニ兄弟によって使われていたが、そこで構想されていたのは、動く抽象絵画のようなものであった。ピランデッロが考えていたのは、おそらくそれとは異なる

図11　レジェとマン・レイ『バレエ・メカニック』より

図12　デュラック『主題と変奏』より

類の映像であっただろう。

一九二〇年代、物語内容をほとんどもたないで、人体や機械（ピストン、ピボット、バルブなど）のさまざまな運動、楽器の数々、交通手段、成長する植物に象徴される自然など、躍動感にあふれる多彩なショットを、アニメーションも織り交ぜて、スロー&クイックモーション、多重露光やディゾルヴ、スプリット・フレーム、ストップ・モーションなども駆使しながら、リズミカルでしばしば小刻みのモンタージュでつないでいく、抽象的な短篇映画が少なからず製作されているが、そうした作品がピランデッロの念頭にあった可能性はおそらく否定できないだろう（Genovese 1990）。しかもそれらには、しばしば音楽的なタイトルが付けられている。たとえば、画家のフェルナン・レジェが写真家のマン・レイとの共作で撮った『バレエ・メカニック』（一九二四年、十九分、バックに流れる音楽はジョージ・アンタイルの作曲、図11）を筆頭に、フランスの女流監督ジェルメーヌ・デュラックの『主題と変奏』（一九二八年、九分、図12）などは、その好例である。ちなみに、マルセル・デュシャンが渦巻の回転を映像化した『アネミック・シネマ』（一九二六年、七分）を発表したのも、同じころである。

ヴァルター・ルットマンとの競合——『鋼鉄』

このリストに、ドイツの前衛的な映像作家たち、とりわけ画家から転身して『リズム』と題された連作を製作したハンス・リヒターや、同じく「新即物主義」の画家から出発して、『世界のメロディ』（一九二九年、四十九分）や『ベルリン大都市交響曲』（一九二七年、七十九分）などのドキュメンタリー映画に才能を発揮した、ヴァルター・ルットマンの名前が加えられなければならないだろう。というのも、とりわけルットマンは、ピランデッロの原案になる映画『鋼鉄Acciaio』を、一九三三年にイタリアで撮っているからである。クレジットタイトルには、「ルイジ・ピランデッロによる筋立てからの自由な解釈」とある（作家の息子のステファノ・ランディの関与も指摘されている）。しかも、これはトーキー作品ではあるものの、セリフは必要最小限に抑えられている。

その粗筋は、ローマの北の小さな町テルニにある製鋼所を舞台に、恋敵を作業中に不慮の事故で亡くした主人公マリオ（ピエトロ・パストーレ）の失意と再起を描くというメロドラマである。ところが、六十七分の全篇のあいだ、監督の得意とするドキュメンタリー調の製鋼所の場面が幾度も挿入され、若くて美しいジーナ（イザ・ポーラ）をはさむ三角関係の話はむしろ添え物のように扱われている。作家は肝心のストーリーが縮小されたことに不満を抱いていたようで

図13　ルットマン『鋼鉄』より

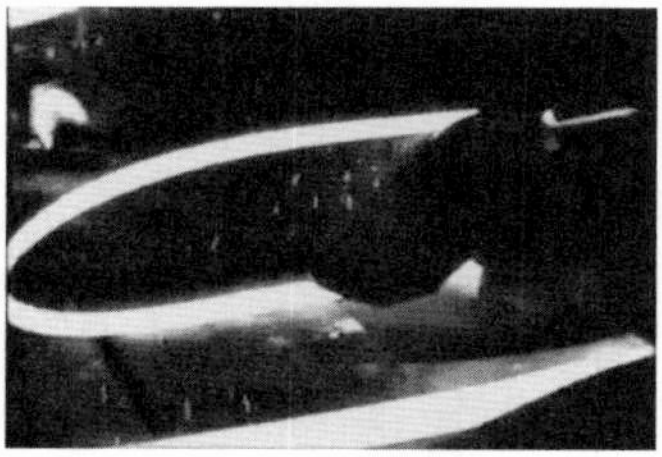
図14　ルットマン『鋼鉄』より

（Castelli 2014）、映画の製作中からすでに、ルットマンとのあいだで確執があったことも、マルタ・アッバへの手紙などが証言している（ヒロインのジーナ役に彼女が起用されなかったことも、怒りの一因だったようだ。Pirandello 1994: 1021, 1032）。

実際に、とりわけいきなり序盤からほぼ九分間にわたってつづく工場のシークエンスは（全篇が六十七分だから、それだけでほぼ七分の一を占めることになる）、無言の労働者たちの身体の動きとともに、さまざまな機械の回転や上下動（図13）、溶鉱炉から勢いよく飛び出してくる燃えるスチール（図14）、立ち上る炎、吹き上がる火の粉、あたりに蔓延する煙と蒸気などの場面からなり、文字どおりドキュメンタリー風の仕上げになっている。ここにおいて際立つのは、物語からは切り離された、機械と身体のリズムと運動、光と影、光沢やテクスチュア、各ショットの構図と編集といった、きわめてフォルマリズム的な特徴である。ルットマンはすでに、『ベルリン大都市交響曲』でも同様の手法を駆使していたが、こちらは最初からドキュメンタリーとして製作されたものであった。音楽用語をタイトルにもつこの作品は、先述したように、一九二〇年代の実験的な映像作品とも通底するものであるが、その手法を、メロドラマのなかに持ち込んだのが、『鋼鉄』の序盤のこのシークエンスなのである。

物語が縮小されたというピランデッロの不満の一端は、おそらくこのあたりにもあったようだが、しかしながら、先述したように、もともと「シネマトグラフは文学から解放されて、真の表現を見つけなければならない」と主張していたのは、ほかでもなく彼自身である。しかも、音楽的リズムをもった運動が「目もくらむほどに継起してくる」イメージを、「シネメログラフィア」と名づけて推奨していた張本人でもある。『鋼鉄』の問題のシークエンスは、まさしくその理念にぴったりと当てはまるように思われる。

図15　ルットマン『鋼鉄』より

にもかかわらず、ピランデッロは『鋼鉄』に辛い点をつける。先述したように個人的な確執（愛人の女優がヒロインから外された）もあっただろうが、作家と映画との関係はやはり愛憎渦巻くもの――ピランデッロ的な反対物の一致――だったと想像される。本作は、狙撃隊員の帽子の羽根がフレームいっぱいに揺れるクロースアップで幕を開け（図15）、さらに、テルニ近くの名勝、マルモレの大滝の砕け落ちる水のショットへとつづくのだが、これもまた、ルットマンが生粋のフォルマリストであることを証している（ちなみに彼は後に、レニ・リーフェンシュタールの一九三五年の

図16　ルットマン『鋼鉄』より

図17　ルットマン『鋼鉄』より

『意志の勝利』にアシスタントとして協力することになる）。

『鋼鉄』には、もうひとつ見過ごすことのできない特徴がある。地方の農村のコミュニティのなかに侵入してくる大工場を描いた本作は、産業の振興を促進するファシズムの政策にも合致していたと思われるが、主演の二人を除いて、ほとんどが土地の住人たちによって演じられ、その日常生活の光景がやはり随所に差しはさまれているのである（図16）。彼ら素人役者たちの飾らない顔がクローズアップされることもしばしばある（図17）。つまり、ある意味において、ネオレアリズモを早くも先取りするような手法が見られるのである。

本作には、まだ弱冠二十代のマリオ・ソルダーティが助監督としてクレジットされている。もちろん、『河の女』（一九五五年、若いパゾリーニが脚本を書いている）を除くと、ネオレアリズモ風の映画とはほとんど無縁のソルダーティのことだから、彼の貢献とは考えられないだろう。「あるがままの人生を、選択することも意図することもなく、ただあるがままにとらえる」こと、さらに「生きているときに意識することなくなされるような、人生のさまざまな振舞い」をカメラに収めることを夢見ていたのは、先述したように、一九一五年の小説『カメラを回せ』でピランデッロが創造した撮影技師、セラフィーノ・グッビオその人であった。にもかかわらず、その著者は、必ずしもルットマンのこの映画に満足してはいない。ここにもまた、作家と映画との屈折した関係性を読み取ることができるように思われる。映画は、生まれながらの仮面の劇作家にとって、二十世紀の「不気味なムーサ」でありつづけたのである。

Ⅱ　フェリーニとカトリシズム

ヘリコプターから吊るされた大きなイエス・キリストの木彫像が、古代の水道橋跡を遺すアッピア街道近くから建設中のローマ新市街の上空を通って、教皇のお膝元ヴァチカンに運ばれていく（図1）。それをもう一台のヘリコプターに乗った三文記事のジャーナリスト、マルチェッロ（マルチェッロ・マストロヤンニ）と相棒のカメラマン、パパラッツォ（ウォルター・サンテッソ）が後ろから追っている。この意表を突く光景に、地上では、子供たちや労働者が驚きの声を上げ、アパートの屋上で日光浴をする水着姿のブルジョワの女性たちも手を振って笑顔で見送っている。その彼女たちを、ヘリコプターのマルチェッロがからかいながら通り過ぎる。しばらくして、響きわたる鐘の音が聞こえてくると、キリスト像はサン・ピエトロ広場の上空へと無事に到着する。フェデリコ・フェリーニの『甘い生活』（一九六〇年）の三分余りの、微笑ましくもあればショッキングでもある名高い出だしである。

図1　フェリーニ『甘い生活』より

たしかに、それはかなり両義的な調子を帯びているように思われる。両手を左右に挙げて救済を願うそのキリスト像は、古くは三世紀のローマのカタコンベの壁画にもしばしば登場してくる「オランス（祈る人）」の図像にのっとっている。かくして永遠の都ローマは、今も昔も救世主キリストに見守られてきたというわけであろうか。他方、こんな風に聖像が運ばれることは現実には考えにくいうえに、からかいや冷やかしの要素も絡んでいるから、悪ふざけどころか瀆神的にすら見えなくはない。

一方、『フェリーニのローマ』（一九七二年）には、終わり近くに、教皇庁のファッションショーという前代未聞の空想的シークエンスが登場する。盟友ニーノ・ロータによる軽快な音楽が流れるなか、修道士や修道女、神父や枢機卿たちが、入れかわり立ちかわり、奇抜でサイケデリックなデザインの衣装に身を包んで、およそ十分余りにわたって、正真正銘の贅沢なファッションショーを繰り広げるのである。そして、そのクライマックスを飾るのは、バロック調の豪華な山車に乗って登場する教皇。この瞬間、高位聖職者や上流階級の見物客たちは、みな一斉に立ち上がって感嘆の声をもらし、悦びに震えている。

この遊び心にあふれるシークエンスもまた、少なくともわたしには、必ずしも一方的にローマ教会の奢侈を槍玉に挙げているようには思われない。いみじくもアンドレ・バザンが述べていたように、カトリシズムの「外面性、装飾性、典礼性」は、根本的に「畏敬の念を起こさせるイメージとしての映画とよく似ている」(Bazin 2002) ところがあるのであり、フェリーニはそれをかなり誇張して見せているのである。

というわけで以下では、イタリア映画の全盛期を飾った名監督のひとり、フェデリコ・フェリーニとカトリシズムとのやや屈折した関係をたどってみることにしたい。

瀆神者を演じるフェリーニ――『アモーレ』

まず最初に取り上げたいのは、フェリーニが原案を提供して出演もした隠れた名作、ロベルト・ロッセリーニの『アモーレ』(一九四八年) の第二話「奇跡」である。舞台はソレントに近い美しい海岸線を望む切り立った丘、純朴で貧しい羊飼いの女 (アンナ・マニャーニ) の前に、若くて端整な放浪者 (若き日のフェリーニ) がどこからともなく姿を現わすと、信仰篤い彼女は、この男が聖母マリアの夫ヨセフの生まれ変わりだと勝手に思い込んで (図2)、男に勧められるまま昼間からワインをガブ飲みして酔っぱらい、その場に眠り込んでしまう。その顔の上に黒い影が落ちたように見えた瞬間、画面が暗転すると、ヤギにつつかれて目を

図2　ロッセリーニ『アモーレ』より

図3　ロッセリーニ『アモーレ』より

覚ます彼女が映しだされる。しばらくして、予想にたがわず妊娠したことがわかるのだが、そのことで彼女は、（受難のイエスさながらに）村人たちから嘲笑されてつまはじきにされるばかりか、告解を拒絶したために最後の頼みの綱の修道女たちからも見放され、一匹のヤギに導かれるようにして辛くもたどり着いた打ち捨てられた無人の教会堂で、「ヨセフ」の子をひとりで産み落とすことになるのである。その場面は、まるで十字架の磔のようでもある（図3）。だが、彼女はそれを神の「恩寵」と信じて疑おうとしない。

　フェリーニはこれまでにも、ロッセリーニの『無防備都市』（一九四五年）や『戦火のかなた』（一九四六年）で脚本に協力していて、これらにおいても犠牲、救済、恩寵は重要なテーマとなっているが、『アモーレ』ではかなり事情が変わってくる。ほかでもなく原案を提供しシナリオにも加わったフェリーニ自身が、神をも恐れぬような役回り（セリフは一切ない）を演じているからである。それゆえ、アマルフィ海岸の丘陵地というアルカディア的世界を背景にして、「マリア」と「ヨセフ」の物語というよりも、ギリシア神話の好色な半人半獣の神サテュロスと、それに襲われる森の妖精ニンフのイメージが本作に重ねられているという解釈もあるほどだ（Carrera 2019: 32）。いずれにしても、ここでフェリーニは、みずから創造した瀆神者の役回りをすすんで引き受けているのである。

カトリシズムと見世物

つづく長篇第一作目となるコメディ『白い酋長』（一九五二年）において、この監督はすでに、カトリシズムと大衆的見世物の世界のあいだを揺れているように思われる。新婚旅行でローマにやって来るカップルの一日のドタバタを描いた本作において、夫（レオポルド・トリエステ）は、ヴァチカンで働く叔父の計らいで教皇に拝謁できることを何より楽しみにしているのにたいして、新妻（ブルネッラ・ボーヴォ）は、ファンレターまで書いたことのある、いわゆる「フォトコミック fotoromanzo」のスター「白い酋長」（アルベルト・ソルディ）に一目会いたいと心躍らせている（一九五〇年代のイタリアでは、写真と吹き出しからなるこの種のメロドラマ漫画が大流行していた）。そこで彼女は、到着したばかりの宿をこっそり抜け出して憧れのスターを訪ねていくと、郊外の撮影現場にまで連れていかれる羽目になる。若いフェリーニは、安っぽいセットとエキゾチックな衣装で陳腐なオリエント風活劇が写真に撮られていく様子を、むしろ楽しむかのようにしてカメラに収めている（図4）。女優の真似事までさせられて、新妻はまんざらでもない様子なのだが、ひとり海岸のロケ地に取り残されてしまう。

図4　フェリーニ『白い酋長』より

この間、新妻に逃げられたと思い込んだ新郎は気が気ではない。すると、夜のローマをさまよう彼を慰めるようにして、娼婦カビリア（ジュリエッタ・マシーナ）と大道芸人が登場してくる。つまり、フェリーニ（とその妻で女優のジュリエッタ・マシーナ）の名を一躍世に知らしめることになる『道』（一九五四年）と『カビリアの夜』（一九五七年）への布石は、ここでしっかりと打たれていたのである。

さてその翌朝、幸いにも無傷だが自責の念とともに妻は夫のもとに戻ってきて一件落着となり、澄んだ鐘の音が響きわたるなか、予定の教皇拝謁のために叔父たちが待つサン・ピエトロ広場に二人が到着したところで幕となる。一見すると、フェリーニはここで、彼の愛してやまない大衆文化やボードビルよりもヴァチカンの方に軍配を上げているように見えるが、そこにはおそらく彼なりのしたたかさがあったのだろう。

許されざる者に救いはあるのか

一方、翌一九五三年の『青春群像』（原題は『のらくら者たち』）では、仕事にもつかないで毎日ぶらぶらと過ごしている五人の若者を主人公にして、鬱屈した地方都市の青春が描きだされる。なかでも救いがたいのはファウスト（フランコ・ファブリーツィ）で、仲間のモラルド（フランコ・インテルレンギ）の妹サンドラ（レオノーラ・ルッフォ）を妊娠させてやむなく結婚したにもかかわらず、浮気癖が抜けない。その彼が、義父の見つけてくれた教会用品の店員の仕事に就くも、店主の妻に手を出そうとしたために解雇されてしまう。そこで、その腹いせにこっそりと愛らしい天使の木彫を店から盗んで、女子修道院や田舎の教会に売りさばこうとする（図5）。もちろん盗品であることは明らかだから売れるはずはない。聖像泥棒という破廉恥な行為が発覚しても、悪びれることなくあくまでも白を切りとおすファウスト。さすがに新妻も愛想をつかしてしまう。こんな男にも救いはあるのだろうか。映画の最後、再会した妻子と抱き合うファウストに、フェリーニは改心の機会を与えてやっているように思われる。一方、現状に飽き足らないとはいえ、だからといって自分のなすべきことを見つけているわけではないモラルドは、最後に町を出てローマを目指すが、幸運が彼を待ち受けているという保証はどこにもない。

図5　フェリーニ『青春群像』より

似たようなことは、一九五五年の『崖』（原題は『ペテン師』）でも起こっている。あろうことか聖職者をよそおって、わざわざ貧しい農民やスラムの住人たちからなけなしの金をだまし取る悪質な三人の詐欺師たちがここでの主役である。それはあたかも、高齢者を食い物にする現代の振り込め詐欺を髣髴させるかのようだ。

そのひとり、画家を夢見るピカソ（リチャード・ベイスハート）――同名の有名な画家ではなくて、ジョルジョ・モランディと同郷のボローニャの画家、フィリッポ・デ・ピシスがお気に入りである――には、いつもどこか後ろめたさが付きまとっていて、ふと路傍のマリア像に目をやると、一瞬たじろいだようになって、それ以来仲間から離れて

図6　フェリーニ『崖』より

図7　フェリーニ『崖』より

いく。カメラは、そのピカソとマリア像をショット——切り返しショット、さらにツーショット——でとらえる（図6）。イタリアの古い街角には今でも、そのなかにマリア像を納めた「タベルナコロ」と呼ばれる壁龕《へきがん》が方々にあって、ちょうどお地蔵様のように、人々の生活を見守ってきたのである。

一方、主犯格のアウグスト（ブロデリック・クロフォード）は、愛娘との久々の再会を喜びながらも、悪事から手を切れないでいる。そしてラスト、またしても懲りずに、決して豊かではない善良な農民をだまして金をくすねるが、足の不自由な少女を見つけるとさすがに心が揺らいでくる。アウグストが神父であることを信じて疑わないこの少女が「わたしのために祈ってください」と必死でその手にすがりつこうとするのを、彼は無惨にも振り払ってその場を去っていく（図7）。それどころか、仲間たちには不幸な娘にくれてやったと嘘をついてまで、金を独り占めしようとする始末。あげくの果てに、仲間から崖に突き落とされて置き去りにされてしまい、「このまま死にたくない」、「こうなることは最初からわかっていた」などと断末魔の声を上げている。そこへ、農民たちの鼻歌が聞こえてきて、必死で崖を這い登り「待ってくれ」と最後の息を絞るが、彼らの耳には届かないようだ。そのまま地面にうなだれるアウグストを残して、スクリーンは暗転する。果たしてこの男に救いはあるのだろうか。

もちろん、このアウグストは、前年の一九五四年にフェリーニがメガホンをとったヒット作『道』の大道芸人ザンパノ（アンソニー・クイン）のいわば分身でもある。この映画については、拙著（岡田 二〇一七）で比較的詳しく論じたことがあるので、そちらを参照願いたいが、無垢なジェルソミーナ（ジュリエッタ・マシーナ）を山中にひとり置き去りにした罪の意識にやっと目覚めて、海岸にうなだれるザンパノの俯瞰ショットで幕を閉じていたのだった。許されざる者にも救いはありうるのか、ラストの映像は、観客にそう問いかけてくる。

しかも、ここで興味深いのは、「恩寵」や「奇蹟」に究極の望みを託そうとする先輩ロッセリーニとは打って変わって、後輩のフェリーニは、無条件にはそれらを信じていないという素振りを見せる点である。そればかりか、先述した『アモーレ』の偽ヨセフのように、みずから非道な瀆神者を演じてみせたり、『崖』のように、聖職者の姿を借りて卑怯なペテンを働くキャラクターをあえてスクリーン上に載せたりもする。この思わせぶりな設定はまた、先輩のネオレアリズモといかに距離をとることができるかという、手法の問題でもある。

図8　フェリーニ『道』より

民衆のなかの聖母マリア信仰

とはいえ、『崖』においてピカソを改心させた（かに見える）路傍のみすぼらしいマリア像のシーンにも象徴されるように、フェリーニは、聖職者主体の教権主義的な信仰には懐疑的だったとしても、たとえば原初的な地母神にもつながるマリア信仰の場合がそうであるように、フォークロア的で民衆的な信仰形態には必ずしも否定的でないばかりか、むしろ強い関心を示していたと思われる節がある。

そのことがはっきりとわかるのは、『道』で描かれる田舎の祭の行列の場面である。群衆に押しつぶされそうになりながら、ジェルソミーナが、山車の上に高く掲げられた聖母マリアの絵（図8）をじっと見つめている。そのお祭の夜、教会前の広場では曲芸が演じられていて、天使の翼をつけた芸人「イル・マット（キじるし）」（『崖』でピカソを演じたリチャード・ベイスハート）が、スパゲッティをほおばりながら綱渡りをするという芸当を見て、ジェルソミーナはすっかりその虜になったのだった。民衆的な祭において、宗教行列と大道芸、つまり聖なるものと俗なるものとが分かちがたく結びついている（たとえるなら、浅草寺にお参りした帰りに寄席を見る、というのと近いかもしれない）。二つの場面を連続でつなぐことで、フェリーニは、両者の親近性を印象づける。

一方、実にさまざまな身体技法を披露するジュリエッタ・マシーナの体当たりの演技――いみじくもアンドレ・バザンが示唆しているように（二〇一五：下二二六）、チャーリー・チャップリンの向こうを張っているのは明らか――は、つづく『カビリアの夜』（一九五七年）でも光っていて、この作品についても拙著（岡田 二〇一七）で、女性の救世主「クリスタ」という観点から論じたことがあるが、ここでは、本作の中盤を彩る「聖母の奇蹟」をめぐる素晴らしいシークエンスに焦点を当ててみることにしよう。

ローマ周辺の街路で客を引いている娼婦カビリアとその同業者たちが、一縷の望みを託すようにして、奇蹟を起こすと評判の巡礼地「神の愛《ディヴィノ・アモーレ》」にお参りしてみようと相談している。そのうちのひとりには、松葉杖をついている元締めの男もいる。カビリア本人は、そんな奇蹟の話など半信半疑なのだが、見物だけならば、と同意する。するとそこに、マリアへの祈りを唱えながら行進する信者たちの一団が通り過ぎる。カビリアはその様子をじっと無言で見つめている。

そして当日、同業の友人ワンダ（フランカ・マルツィ）らとともに、ローマの南に位置する巡礼教会堂に車で出かけていく（聖母に救われたという巡礼者にまつわる十八世紀の言い伝えにさかのぼるこの聖地は、今日でもローマ市民には比較的馴染み深い場所で、二〇〇〇年の聖年には改めてマリアの聖地に指定されている）。すでに多くの人々が押し寄せていて、そのなかには障がい者や病人の姿もある。カメラは、俯瞰や仰視も含めて、あらゆるアングルと距離から巡礼者たちの様子をとらえる。カビリアやワンダたちがフレームから外れることもしばしば。奉納物《エクス・ヴォト》であふれる教会堂のなかもまた信者たちでごった返している。「マリア様、お慈悲を」、誰もが熱心に唱えている。

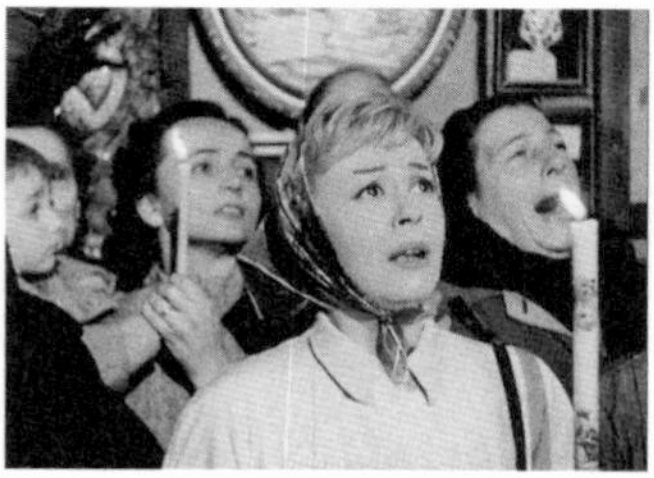

図9　フェリーニ『カビリアの夜』より

図10　フェリーニ『カビリアの夜』より

カビリアもそれに声を合わせる（図9）。その名もない庶民の素朴な表情を、カメラは何度もクロースアップにする。聖母マリアのイコンに口づけするワンダ（図10）。たしかに、古くからイコンは、見るばかりではなく、触れて口づけする対象でもあったのだ。カビリアもまたどこか「場違い」と感じながらも、ひざまずいて床に唇を当て、「生活を変えたい」と涙顔で訴える。両脚の治癒を願う元締めは、松葉杖を放してひとりで歩こうとするが、あえなくも床にくずおれてしまう。

すると画面はディゾルヴで、祭の後の広場に切り替わる。食事をとる仲間たちからひとり背を向けて、カビリアが考え込んでいる様子だ。「誰も変わっていない」、「みんな前と同じ」、元締めに奇蹟が起こらなかったことで落ち込んでいるのだろう。「当たり前よ」、ワンダがすかさず応じる。

このドキュメンタリー的な要素も絡めた巡礼のシークエンスは、実に十二分間余りもつづくのだが、そこに、ロッセリーニからの影響を見ることは容易だろう。ネオレアリズモの先輩は、たとえばアマルフィを舞台にした現代のおとぎ話『殺人カメラ』（一九五三年）において、この町の守護聖人である聖アンドレアの彫像が大聖堂から運び出されて通りを練り歩き、海岸で安寧を祈願したのち、夜も更けて再び大聖堂へと戻っていく祭の様子を、物語の進行にはさむようにしてドキュメンタリー風（三分間余り）に描いていたのである。

さらに『イタリア旅行』（一九五四年）を忘れることはできないだろう。この作品についてもわたしは以前に比較的詳しく論じたことがあるが（岡田　二〇一五）、ナポリ近郊の田舎町で繰り広げられる聖母マリアの行列の場面がラストに置かれていて、全体を締めくくる重要な役割を演じている。つまるところ、祭のマリア像のおかげで（図11）、破綻寸前のイギリス人ブルジョワ夫妻は元の鞘に収まることができたのである。たまたま遭遇した庶民の祭の熱狂で、高級車ベントリーの行く手を阻まれた夫アレックス（ジョージ・サンダース）も妻キャサリン（イングリッド・バーグマン）も最初は迷惑千万、信じられないといった反応だが、群衆の一部が突然、「奇蹟、奇蹟」と叫びながら、勢いよく聖母像の方へ駆けだしはじめる。その人波にたちまちキャサリンは呑み込まれてしまい、アレックスからどんどん離れていく。群衆をかき分けながら、妻を追いかける夫と、夫に駆け寄ろうとする妻。

図11　ロッセリーニ『イタリア旅行』より

二人はついに抱き合う。本作のなかで、これが最初にして最後の二人の抱擁シーンである。イギリスのピューリタン的なブルジョワ夫婦にも、マリア様のご利益はあったのだ。

奇蹟は本当に起こるのか

ロッセリーニに起こるような「奇蹟」は、しかし、フェリーニでは簡単には起こりえない。フェリーニは、「奇蹟」に懐疑的である、というよりも素直にそこに希望を託すことができない。『アモーレ』の貧しい羊飼いの女――そして監督のロッセリーニ――が信じようとした「奇蹟」は、実のところ、原案を提供したフェリーニ演じる放浪者の瀆神的な行為――レイプ――の結果に過ぎない。

「奇蹟」は起こるかもしれないし、そうでないかもしれない。というよりも、起こらないことの方がはるかに多いだろう。実際に、わたしたちの周りでもそうであるように。にもかかわらず、世俗化の現代においてさえ、わたしたちもまた、神仏に願をかけたり祈りを上げたりしないではいられない（誰もが身に覚えのあるはずだ）。ロッセリーニやフェリーニの映画における庶民的な祭の場面は、もちろんここまで見てきたように二人のあいだに違いはあるものの、そんな観客の普遍的な願望にそれとなく応えているように思われる。

フェリーニと同じくローマ教会としばしば衝突することはあったが、「深くて親密でアルカイックなわたしのカトリシズム」――オムニバス短篇『ラ・リコッタ』（一九六三年）でオーソン・

ウェルズに代弁させているセリフ——を自認していたパゾリーニにとっても、奇蹟は起こりうるものである。ミラノの大ブルジョワ一家の前にある日突然に正体不明の青年（テレンス・スタンプ）——キリストかそれともサタン（偽キリスト）か——が現われて、妻と夫、娘と息子、さらには家政婦のいずれとも性的関係を結んだ後、やはり突然に姿をくらまし、一家を崩壊に導くという現代の寓話を描いた『テオレマ』（一九六八年）において、唯一、近郊の農家出身の信心深い家政婦エミリア（ラウラ・ベッティ）だけには「奇蹟」がもたらされるのである。青年が去った後、村に戻ったエミリアは、悔悛の念から無言の断食行に入るが、その様子を見て村人が病気の子供を連れてくると、その病が治癒する。さらに空中浮揚したかと思いきや（図12）、最後に、両目だけを残して全身を地中に埋めてもらうと、そこに涙の泉が湧きはじめる。映画の後半、この農民の起こす奇蹟の数々をパゾリーニは、ブルジョワ一家四人のそれぞれの破滅と対比するようにして、交互に描いていく。たしかにこの現代の寓意には、「深くて親密でアルカイックなカトリシズム」が共鳴しているように思われる。

図12　パゾリーニ『テオレマ』より

南部のカトリシズムと魔術

こうした一連の映画における民衆的で土着的でもあるようなカ

トリシズムの描写に関して、近年、哲学者で文化人類学者のエルネスト・デ・マルティーノの影響が指摘されている（Minuz 2015; Marano 2017; Tinelli 2018）。フェリーニの伝記を著したトゥリオ・ケジチもまた、この人類学者にいちどだけ言及している。その名は、残念ながら日本では、ごく一部の研究者を除いて広く知られているわけではないが（上村忠男の訳で一九八八年に『呪術的世界』が紹介されている）、本国では、とりわけ一九五〇―六〇年代に、ナポリ以南の南イタリアの各地に残るプリミティヴな儀礼、呪術や魔術を調査し記録したことで高く評価されている。アントニオ・グラムシにさかのぼる「南部問題」やサバルタン研究に触発されたデ・マルティーノにとって、南部の風習に残る異教や魔術の混在と、その神話的な深層の内にこそ、民衆的なカトリシズムの大きな特徴があった。

当時、なかでもイタリア共産党は、こうした農民文化をイタリアの後進性と非合理性の象徴とみなし、いわば北部の植民地として南部を近代化し、農民を労働者に変貌させるという強引な政策をとっていたが、党員であったデ・マルティーノはその方針と真っ向から対立したため、党から睨まれることになる。その点でも、党から除名されたパゾリーニと似ているところがある。

一方、デ・マルティーノによる南部の調査は、心理学者や医学者、芸術研究者なども同行する学際的なもので、なかには写真家も含まれていた。本国では報道写真家として有名なフランコ・ピンナもそのひとりで、ルカーニア地方（現在のバジリカータ州）に伝わる庶民の祭や風俗をカメラに収めたが（図13）、一九六五年からは、フェリーニ映画のスチールカメラマンとして活躍することになる（図14）（Minuz 2015: 37-38; Faeta 2011: 50-67）。

　さらにデ・マルティーノの監修のもと、南イタリアの民衆儀礼や呪術をフィルムに収めた貴重な短篇ドキュメンタリーも何本か残されているが、それらの監督にあたったのは、たとえば、『未亡人の踊り Ballo delle vedove』（一九六二年、十一分）のジュゼッペ・フェラーラや、『ラ・タランタ La Taranta』（一九六二年、十八分）のジャンフランコ・ミンゴッツィなどのように、ネオレアリズモの薫陶を受けた三十代の若い映像作家たちである。とりわけ後者は、「タランティズモ」と呼ばれる、南イタリア（プーリア州）の農村に伝わる特異な憑依現象とその治癒の儀礼——蜘蛛が一因と信じられてきたことにその名の由来がある——を撮影したもので、資料的価値

図13　フランコ・ピンナ《聖アントニウスの豚》（1955年頃、バジリカータ州グロットレ）

図14　フランコ・ピンナ《セットのジュリエッタ・マシーナ》（1965年）

図15　ミンゴッツィ『ラ・タランタ』より

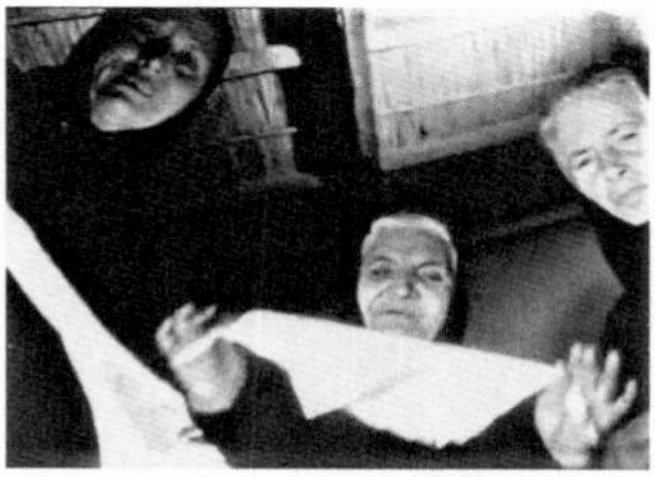
図16　マンジーニ『ステンダリ』より

のみならず、映像それ自体としても見ごたえがある（図15）。

また、女流監督のチェチリア・マンジーニが同じプーリア州に古くから伝わる庶民の葬送儀礼、とりわけいわゆる泣き女たちの風俗を記録した、一九五九年の『ステンダリ Stendali』（十一分）――この地方の方言で「鐘はまだ鳴っている」という意味――では（図16）、その字幕を誰あろうパゾリーニが担当していて、クレジットもされている（Tinelli 2018. これらはいずれもYouTubeで視聴できる）。そこに流れる「民衆の詩の気高い形式」という表現は、いかにもパゾリーニらしい。ちなみにマンジーニは、パゾリーニの小説『生命ある若者』（一九五五年）に触発されて、ローマ郊外の少年たちの短篇ドキュメンタリーも製作している。

このように見てくると、イタリアにおける映像人類学の先駆ともいえるデ・マルティーノの仕事と、映画作家や報道写真家たちとのあいだには、さらに掘り下げるべき興味深いつながりが隠れていそうだが、詳細はまた別の機会に譲りたい。いずれにしても、影響は双方向のもので、人類学者もまた、一九四〇年代半ばからのネオレアリズモの動向に大きな関心を寄せていたことは、

「イタリア映画におけるリアリズムとフォークロア」（一九五二年）という論考のなかの次のような評価からもうかがえる。いわく、「〔新しいリアリズムは〕より広くて深いユマニスムの情熱をもって、とりわけ抑圧されてきた人々や道具のように扱われる社会の下層階級の人々の世界を生き生きと把握している」と（De Martino 1977: 99-100）。

話をイタリアのマリア信仰に限るなら、それは、たとえば水野千依の浩瀚な人類学的美術史研究でも示されているように、イコンや彫像や奉納物などとともに、古くから民衆のあいだで脈々と受け継がれてきたという長くて深い伝統がある。さらに、聖母にまつわる聖地が今日でも多くの巡礼者を集めていることは、たとえばフランスのルルドやポルトガルのファティマなどが実証している（政治的、経済的な要因についてはあえてここで問わないとしても）。

ちなみに、やはりネオレアリズモに出発点を置く監督ルキノ・ヴィスコンティは、ロッセリーニとは対照的に、カトリシズムのテーマを前面に打ち出すことはほとんどないが、それでも、たとえば、主人公のロッコ（アラン・ドロン）にキリストの、その恋人の娼婦ナディア（アニー・ジラルドー）にマグダラのマリアのイメージがゆるやかに重ねられている『若者のすべて』（一九六〇年、原題は『ロッコとその兄弟』）では、南部出身の人々のあいだに残る根強いマリア信仰がさりげなく描かれている。ルカーニアからミラノに移住してきた母親と四人の兄弟が最初に身を寄せるのは、いち早くこの大都会に移っていた長男の婚約者の家で、同じルカーニア出身の一家のその狭いアパートの扉口には、マリア様の大小の安価な複製画が何枚——少なくとも五枚——も貼られているのである（カメラはそれを強調するかのように何度も映しだす）。こうして福を招き入れる、というわけであろう。そのうちもっとも目立つ一枚は、「煉獄の魂を救う聖母マリア」というバロック期に流行った図像で、罪深い人間の救済への願いが込められている。そもそも、天国と地獄に加えて、第三の煉獄を想定するのは、カトリックに特有のもので、救われるためには清めが必要とされるのだ。その執りなしをしてくれるのが、またしても聖母マリアなのである。また、ロッコの一家がやっと見つけた新興住宅地の安アパートの一室には、その名の由来である守護聖人ロクスの人形がちゃんと飾られている。この疫病除けで知られる中世末期の聖人は、バジリカータ州でもっとも篤い信仰を集めてきたという伝統がある。北部の近代都市ミラノに不釣り合いのこれらのさりげないショットによって、ヴィスコンティは、南部の人々のプリミティヴな信仰心をそれとなく示唆しているのである。

偽のマリアの顕現

さて、このあたりでもういちどフェリーニに帰ろう。二十世紀初めのポルトガルのファティマでは、地元の三人の子供に聖母マリアが顕現したとされるが、これにヒントを得てか、『甘い生活』にも、ローマ郊外でマリア様を見たという二人の姉弟が登場する。公開当初から、デカダンスとも不道徳とも評され、ローマ教会からも敬遠されてきた本作には、たしかに、先述した幕開きのヘリコプターのシークエンスがそうだったように、これまでの作品以上にアイロニカルでシニカルに見える場面が少なくない。たとえば、「聖書の叙事詩」を撮るためにローマに降り立ったハリウッドのセクシー女優シルヴィア（アニタ・エクバーグ）が、ミケランジェロの設計になるサン・ピエトロ大聖堂のクーポラの頂上につづく何百もの狭い螺旋状の階段を、子供のようにはしゃいで登る場面があるが、このとき彼女はまるで聖職者のような身なりをしている（図17）。地上の大広場を見下ろすショット（合成映像）は、あたかもハリウッドがヴァチカンを征服したかのようでもある。

図17　フェリーニ『甘い生活』より

図18　フェリーニ『甘い生活』より

　また、夜のローマを徘徊して迷ったあげく、偶然にぶち当たったトレヴィの泉に二人が入って抱き合うという名高い場面では、シルヴィアがマルチェッロの頭上から水滴をかけるバストアップの短いショットがあるが、それは、さながら彼女が彼に洗礼を施しているようにも見える（図18）。とはいえ、ここで洗礼を授けているのは、聖ヨハネならぬ、美とエロスの女神アフロディテ・パンデモス（地上のウェヌス）である。

　そして問題の「聖母の子供たち」のシ

ークエンス、聖母マリアの（偽の）奇蹟をめぐるエピソードがある。そもそもこの映画は、ある結末に向けて各場面がレンガのように積み上げられていくという古典的なスタイルではなくて、筋や因果関係を無視して各エピソードを断片的につないでいくというパラタクシス的な手法がとられているが、それ自体は、いみじくもバザンが『映画とは何か』のなかで、川に点在する岩になぞらえたように、ロッセリーニの『戦火のかなた』（一九四六年）において先取りされていたものである。

さて、前置きが長くなってしまったかもしれないが、聖母を見たという二人の子供（姉弟）のシークエンスに戻るなら、彼らの登場を前に、テレビ局が大がかりな実況中継の準備を整えている。何台ものテレビカメラが広い空地に設置され、クレーン車まで用意されている。多くの新聞記者とカメラマンもあわただしく動いている（図19）。もちろん、マルチェッロとパパラッツォたちもそのなかにいる。田舎の農民とおぼしき姉弟の両親に仰々しいポーズをとらせて写真を撮るカメラマンたち。神父が、奇蹟はたしかに起こりうるが、千年に一度のことで、しかも瞑想と静謐のなかでのこと、だからこれは詐欺だと息巻いている。そこにひとりの老女が、「なにも聖母でなくてもいいの」と独り言のようにつぶやく。イタリアは古い信仰《カルト》の土地で、自然と超自然とがそこに絡んできて、誰もがその影響を受けているから、

図19　フェリーニ『甘い生活』より

「神は求めるところに現われる」、というのである。人類学者のデ・マルティーノに触発されたようなセリフである。神父の言うことよりも真実らしく聞こえてくる。

この間も中継の準備は進んでいて、撮影監督は、大勢のエキストラを使ってリハーサルに余念がない。病んだ子を抱いたみすぼらしい農婦が、マリアが顕現したという「奇蹟の木」の前で静かに祈っているが、テレビ局の撮影隊は彼女には目もくれない。「聖母の子供」の叔父という男は、インタヴューを受けながら、こっそりメモ書を読まされている。そして、日が沈んで本番になると、おびただしい数の野次馬や報道陣、さらに警備員たちに囲まれて、ついに主役の二人の姉弟が登場してくる（図20）。多くの病人たちが地面に寝かされている。にわかに群衆が騒ぎはじめ、何十人もの報道カメラマンたちが絶好のショットを狙っている。クレーン車を駆使してテレビ局も劇的な映像を送ろうとする。その様子をとらえるこのシークエンスは、それゆえ、ある種メタ映画的な性格を帯びてくるが、それは、後の『8½』（一九六三年）や『フェリーニのローマ』（一九七二年）、『インテルビスタ』（一九八七年）などで、フェリーニが繰り返し用いることになる手法を先取りしている。

図20　フェリーニ『甘い生活』より

少女が「あそこに聖母が」と叫んで走りだすと、警備員のバリケードを破って群衆が一目散に追いかけていく。二人の子供はまるで大人たちをからかうかのように、あちらこちらと何度も別の場所を指さす。するとそこに突然の雷雨。姉弟は退場させられ、テレビ中継は中断を余儀なくされるが、群衆はここぞとばかり、中央に立つ「奇蹟の木」に向かって走りだし、ご利益を求めてその小枝を無理やりちぎり取っていく。マルチェッロに思いを寄せるエンマ（イヴォンヌ・フュルノー）もそのひとり。カメラを向けてくるパパラッツォを、彼女が「ハイエナ」とはねつける。見知らぬ女が、「死んだ」と泣き叫んでいる。豪雨のなか、奇蹟を期待して連れてこられた病人のひとりが息を引き取ったのだろう。こうして大混乱とともに、（偽の）マリア顕現の中継はお開きとなる。結局のところ、マリア様がその姿を現わしたようには見えない。

このおよそ十五分間のシークエンスには、幾通りもの解釈が可能であろう。たとえば、迷信に踊らされる民衆の愚かさが痛烈に皮肉られていると見ることもできるかもしれない。が、彼らの多くがテレビ放送のために集められたエキストラである。それゆえ、ここでアイロニーの標的となっているのは、前近代的な迷信や信仰であるよりもむしろ、それを見世物として演出しようとする――テレビや新聞の――側であるように、わたしには思われる。

同じくマスメディアにたいする風刺は、後年の『ジンジャーとフレッド』（一九八五年）でも冴えわたっている。名ダンス・コンビとして一世を風靡したハリウッドの二大スターの物まねでかつて人気をとっていた二人の芸人、アメリア（ジュリエッタ・マシーナ）とピッポ（マルチェッロ・マストロヤンニ）が、何十年ぶりかでテレビのヴァラエティ番組に招かれてダンスを披露することになるのだが、不運にもその真っ最中に長い停電になってしまうのである。さらに、同じ番組には、奇蹟を起こすというフランシスコ会の修道士も出演していて、司会者が「山を動かしてほしいとは申しませんが、せめて小さな奇蹟を」などと促すと、「ノー」と手を左右に振って、「人生そのものが奇蹟だ」と見事に機転を利かせる。フェリーニの皮肉や風刺が優れているのは、相手を高圧的で一方的にやり込めるというよりも、深い理解と愛情のうえに成立しているからである。

図21　フェリーニ『甘い生活』より

「開かれた」物語

さて、『甘い生活』に戻ると、「（偽の）マリアの奇蹟」のシークエンスのすぐ後で、主人公の友人の知識人スタイナー（アラン・キュニー）の瀟洒なアパートで繰り広げられる知的で美的に洗練された実存主義的サロンの光景が描かれ、直前のシークエンスとのコントラストが際立たされる。彼はまた、画家ジョルジョ・モランディの熱烈なファンのようで、その見事な静物画を所有している。その絵に見入るようにして、マルチェッロとスタイナーが短いけれど濃密な会話をかわしている（図21）。

マルチェッロ：モランディの傑作をもっているね。

スタイナー：いちばん好きな画家だ。物体は夢のような光に溶けているが、実は厳格に描かれている。ほとんど触れることができるようだ。偶然がまったく関与しない芸術といえるかな。

モランディの絵はたしかにスタイナーのいうように厳格なものから、逆にアンフォルメルを予告するような不安定なものまであって、その両極性の揺れに特徴があるのだが（Arcangeli 1981; 岡田　二〇〇三）、映画ではあくまでも前者のスタイルが選ばれている。ボローニャの画家のように「時間の外で超然と生きること」を理想とするスタイナーにもまた、しかしながら、救いがあるようには思われない。幼い二人の子を道連れにして、突然みずから命を絶ってしまうのである。ちなみに、ちょうどこの映画が製作された時代に多感な青春期を送った哲学者のジョルジョ・アガンベンによると、当時ローマには二種の知的サロンがあって、ひとつは女流作家エルサ・モランテを中心にパゾリーニやナタリア・ギンズブルグらが集っていたもの、もうひとつはより「上流」の「社交界」で、作家のジョルジョ・バッサーニや映画監督のフランチェスコ・ロージらがそのメンバーだったという。さらに両方に出入りして橋渡しをしていたのが作家のアルベルト・モラヴィア（アガンベン　二〇一九）。アガンベン本人は一時期、前者のサークルに属していたというが、これに倣うなら、『甘い生活』のスタイナーは、むしろ後者に近いイメージであろうか。

「不条理」や「デフォルメ」にも満ちたこのフェリーニ作品を評して、パゾリーニは、バロック的な「ネオ・デカダン派」と形容しつつも、罪の意識と救いへの望みという意味で、根本的に「カトリックの映画」であるという点を強調している（Pasolini 1960）。一方、ジャン＝リュック・ゴダールの『軽蔑』（一九六三年）をはじめとして多くの監督に原作や脚本を提供し、自他ともに認める映画通でもあったモラヴィアは、一九五五年から映画評を担当していた雑誌『レスプレッソ』において（晩年の一九八八年までつづいた）、「始まり（法則）も終わり（目的）もない」本作を、「論理的で一貫した展開というよりも、実質的に無限の反復に基づく」「開かれた aperta」物語であると称賛し、さらにその手法を、古代ローマの作家ペトロニウスの『サテュリコン』になぞらえる（Moravia 2010: 339-341）。ウンベルト・エーコがその出世作ともなった記号論の名著『開かれた作品 Opera aperta』を発表するのが一九六二年のことだから、この「開かれた aperta」という形容を使ったのは、モラヴィアの方が二年早いことになる。しかも、一九六九年にフェリーニは実際にペトロニウスの原作を映画化することになるから、モラヴィアには先見の明があったわけだ。

図22　フェリーニ『甘い生活』より

『甘い生活』のラスト、大富豪の別荘で夜通し乱痴気パーティに興じた翌朝、マルチェッロたちが近くの海岸に向かうと、死後三日たっ

図23　フェリーニ『甘い生活』より

たという大きなエイが浜辺に打ち上げられている。キリスト教図像ではおなじみのように、魚《イクトゥス》はイエス・キリストの象徴でもある。福音書によると、イエスは埋葬から三日後に復活したとされるが、このエイが生き返ることはないだろう。ちなみに、精神分析のジャック・ラカンは、わたしの知るかぎり、このラスト、死んだエイの開いた瞳がクロースアップになる不気味な場面に（図22）、そのセミネールで二度言及していて、最初は、『精神分析の倫理』（セミネールⅦ、一九五九―六〇年）において、次に『不安』（セミネールⅩ、一九六二―六三年）である。前者では、原初的な喪失としての「もの」――フロイトの das Ding――として、次に、死んでいるにもかかわらず、わたしたちを見つめている「まなざし」として（ところで、ラカンの理論を映画の解釈に応用するという、よくある議論とは反対に、ラカンが映画をどのように利用しているかというテーマは、それ自体として興味深いと思われるが、また別の機会に譲ろう）。

さて、このエイのショットにつづいて、水たまりの向こうで、以前にも見たことのある天使のように愛くるしい少女パオラ（ヴァレリア・チャンゴッティーニ）がマルチェッロに身振り手振りをまじえて何か話しかけているが、その声は届いてこない（図23）。初対面のとき彼は彼女を、「ウンブリア地方の教会堂で見かける絵のなかの小さな天使」にたとえていたのだった（おそらくはペルジーノやラファエッロの絵のことが念頭にあるのだろう)。が、今はその天使に応えるすべもないまま、虚しく彼は仲間とともに浜辺を後にしていく。

監督の故郷リミニにあるフェリーニ財団にはオリジナルの脚本が残されていて、最後にマルチェッロの「目に涙が浮かんでくるのを感じる」や、「涙で目が濡れる」とあるト書の箇所が斜線で消されているという(Subini 2006: 254-255. その写真も掲載されている)。実際には、少女を見つめる彼の目から涙は流れてこない。もしそうなっていたら、『道』のラストで海辺に泣き崩れるザンパノにも似て、マルチェッロの悔悛の情が一段と際立たされていたかもしれない。が、この演出は削られ、より「開かれた」あいまいな結末で幕となる。主人公に救いはもたらされるのか、それは観客それぞれの見方に委ねられている。

カトリシズムの教権主義的側面

自伝的な要素がさらにいっそう色濃い次作『8½』(一九六三年)になると、フェリーニとカトリシズムとの関係はますます両義的性格を帯びてくるように思われる。核戦争後に人類が宇宙へ移り住むというSF映画の大作を製作中——当時の冷戦構造を反映している——に深刻なスランプに陥ってしまった監督グイドを焦点人物として、その脳裏に去来するさまざまな空想や幻覚や記憶のイメージが溶け合った本作において、カトリシズムがやはり重要なモチーフのひとつであることに変わりはないのだが、これまでのようなアルカイックな民衆的信仰の世界は後ろに退い

図24　フェリーニ『8 1/2』より

図25　フェリーニ『8 1/2』より

て、むしろ教権主義的な側面の方に光が当てられている。

たとえば、スランプを脱するべく何がしかの助言を求めて枢機卿のもとを訪れたグイド――実際、フェリーニは一九五〇年代から、イエズス会士アンジェロ・アルパと親しい関係にあり、教会の検閲を乗り切ってきたという経緯がある（Subini 2006）――が、ふと振り向くと、小太りの中年女がスカートの裾をたくし上げて坂を下ってくるのが目に入ってくるが、これが引金となって、寄宿学校に通っていた少年時代の記憶へとフラッシュバックしていく。というのも、その女が、三十数年も前のサラギーナという大女の娼婦の記憶と重なったからである。こうして、枢機卿に拝謁する場面から唐突にも過去へと時間が飛ぶと、聖人の大きな彫像の下でまるで威嚇されているかのような少年グイドの姿が小さく映り込んでくる（図24）。サラギーナを「魔女」と呼ぶ教師（神父）たちの目を盗んでは、怖いもの見たさの好奇心から仲間とともに、海辺のあばら小屋に住む彼女のもとを訪れていたのである。神父の手で強引に連れ戻されたグイドは、告解させられ、いにしえの異端審問を連想させる三角帽子を被らされて生徒の前にさらされる（図25）。その背中には「恥 Vergogna」と書かれた貼紙が見える。一瞬だけ映しだされる聖母マリアの彫像も、彼を慰めることはできない。その代わりになるのがサラギーナで、禁止されてもグイドは、彼女に会いに行くのを止めようとはしない。すると、みすぼらしい身なりで髪を振り乱した裸足の大きな「魔女」は、少年に「チャオ」といって不気味な微笑みを送り返す（図26）。少年はその前にひざまずいて、帽子をとり、拝んでいるようにさえ見える。幼いグイドにとっては、抑圧的な寄宿学校の神父たちの方が逆に悪魔のような存在なのだ（神父のうち何人かはおそらく女性が演じていて、両性具有的な雰囲気を醸し出している）。

図26　フェリーニ『8 1/2』より

この回想のさらに少し後、温泉療法を受ける件の枢機卿がグイドの空想のなかに現われて、「教会の外に救いなし Extra Ecclesiam Nulla Salus」という初期キリスト教の時代にさかのぼる教義を何度もグイドに説き、「神の国に住まわぬ者は、悪魔の国の一員である」と畳みかけると、グイドの目の前にある扉が閉じられる。つまり、グイドには救いはない、というわけである。「教会の外に救いなし」、初期キリスト教時代の教父たち、キプリアヌスやオリゲネスから説かれてきたこの教えは、まさしく『8½』の製作時に、教皇ヨハネ二十三世のもと、教会の近代化をスローガンに始まった第二ヴァチカン公会議（一九六二―六五年）において、他宗教にたいして開かれた姿勢を見せつつも、基本的には打ち消されることのなかったものである。

「スーパー・エゴ」との格闘

映画についての映画という性格をもつ『8½』において、これまであまり注目されてこなかったが、かなり重要な役割を果たしていると思われる登場人物がもうひとりいる。映画批評家のドーミエ（ジャン・ルージュル）である。要所要所に顔を出して――少なくとも四回――ひたすら自説を披露しては消えていく。グイドがフェリーニの分身だとすると、ドーミエはグイドの「アルター・エゴ」（Bondanella 2002: 111）にしてかつ「スーパー・エゴ（超自我）」のような存在である。

たとえば、先述した少年時代の回想のシークエンスにつづいて現実に戻り、枢機卿たちと会食をとる場面で、ドーミエがグイドに次のように語りかける。「もしあなたがカトリック的意識について何か論争のようなものを仕掛けたいのなら、友よ、よく聞いてください、なによりも文化的にはるかに高いレベルが求められるし、明晰で情け容赦のない論理が必要になるのです。ところが失礼ながら、あなたの甘ったるい無邪気さは、まったくもって逆効果なもので、ノスタルジーに浸された些細な思い出の数々や、無害でつまるところ感傷的な諸々のイメージを再現するとしても、それは、共犯関係のプロットになってしまうのです」と。そして、「あなたは告発しようという野心から出発して、結局のところは加担することになってしまいました。なんたる混乱、なんたるあいまいさでしょうか」と結ばれる。直前の少年時代の回想シーンを受けてのセリフなのだが、つまるところ、そのシーンはカトリックへの危機意識とは何の関係もない、それどころか結果的に批判対象に肩入れしている、というわけである。このセリフがある意味で的を射ているとするなら、それは、カトリシズムとの両義的な関係性に、当のフェリーニ本人が自覚的であった、ということを意味しているだろう。あるいは、ドーミエの見立ては、予想される批判を映画のなかで先取りしている、ともとれるだろう。序盤でドーミエはまた、「まったくもって根拠に欠けるエピソードの羅列」という言い回しを用いているが、これもまた『甘い生活』以来、（カトリック側からも共産党系の側からも）フェリーニに浴びせられてきた批判の要であった。

　さらに、役者たちのスクリーン・テストの席上、例によって理屈をこねてくるドーミエを、グイドは空想のなかで絞首刑にかけてしまうが、それはとりもなおさず、自我と超自我との葛藤を象徴するものでもある（図27）。映画のラスト、グイドがピストル自殺を図った後にもドーミエはどこからか姿を現わしてきて、幻のなかの――あるいは新生した――グイドに、選択は誤っていなかった、失敗作は破壊した方がいい、などとつぶやいて去っていく（だからドーミエは、登場人物たちが勢ぞろいし

図27　フェリーニ『8 1/2』より

図28　フェリーニ『魂のジュリエッタ』より

て大きな方陣をつくって踊る名高いラストシーンのなかに参加してはいない）。自伝的で自己治癒的でもあるこの映画は、それゆえ、どこかナルシシスティックな調子をも帯びている。

「アニマ」の葛藤

さらに、『8½』の女性版ともいえる『魂のジュリエッタ』（一九六五年）においても、幼少期におけるカトリックの教育がヒロインの記憶にしつこく取り憑いている。この作品の製作当時、フェリーニはユング派の精神分析に強い関心を示していて、それをイタリアに紹介したエルンスト・ベルンハルトに分析を受けていたことが知られているが、そのユングの理論に借りるなら、『魂のジュリエッタ』は、フェリーニの内にある女性的原型「アニマ」を描いたものとみなすことも可能だろう。

夫の浮気に悩む大ブルジョワの妻ジュリエッタ（ジュリエッタ・マシーナ）の脳裏に去来する幻覚や妄想、記憶や夢の数々を、絢爛たる極彩色とサイケデリックなセットと衣装のなかで描いたこの作品には、当時流行のニューエイジとカウンター・カルチャーの薬味がふんだんに添えられているのだが、なかでも、幼いころに学芸会で演じさせられた、火刑の殉教者のことが彼女の脳裏から離れない。赤いビニールで装われた燃える炎の網の上に、合掌する六歳の彼女が横たえられている（図28）。その映像は、キリスト教美術でおなじみの、鉄格子の上で火あぶりにされる「聖ラウレンティウスの殉教」の図像を踏まえたものである。子供に何ということをさせるのか、「これが教育か」、恥を知れと、怒って中断させようとする教師もいるのだが、校長が彼を叱責する。

全篇百三十分余りのほぼ真ん中に置かれたこの濃密なシークエンス（四分弱）において、それを回想している当のジュリエッタはというと、トラウマに苛まれているというよりも、むしろそこに現在の自分の境遇を重ねて妙に納得しているようにさえ見える。この回想シーンはまた、『8½』のなかでグイドの「超自我」ドーミエが言い当てていた、感傷的でノスタルジックな記憶の断片にほかならないのだが、その本質的にカトリック的な雰囲気のなかにヒロインはむしろ喜んで浸っているのである。この「聖ラウレンティウスの殉教」風の場面は、さらに映画の終盤でもまた彼女の脳裏をよぎる。現在の彼女が、過去の幼い彼女を、（学芸会の）火あぶり台から解き放ってやろうとするのだが、うまくいかない。過去のトラウマに彼女はむしろ享楽しているようにも見える。フェリーニの「アニムス」としてのグイドが、カトリシズムの教権主義と格闘しようとあがいているとするなら、「アニマ」としてのジュリエッタは、同じ信仰のもつ祝祭的特性を反対に喜んで受け入れようとしている、ともいえるだろうか。いずれにしても、ここにもまたカトリシズムにたいするフェリーニの両義的な反応を垣間見ることができる。手作り感の半端ないセットはまた、フェリーニ作品の最大の魅力のひとつであるが、その起源はこんな聖史劇や芝居のなかにもあったのかと、想像させる場面でもある。杉山博昭の先駆的な研究によっても明らかなように、聖史劇の伝統が西洋——とりわけイタリア——の芸術や想像力に及ぼしてきた影響は、予想をはるかに超えるほど大きい。

映画の終盤ではさらに、誘惑に打ち勝ちながら俗世とのまじわりを絶って、高い塔の上で長らく苦行を重ねたとされる聖シメオンのイメージが、ほんの一瞬だけジュリエッタの脳裏をかすめる。この五世紀の伝説的な聖人については、やはりカトリシズムとの複雑な関係性を数々の作品で映像化してきたスペインの監督ルイス・ブニュエルが、同じ一九六五年に『砂漠のシモン』という四十三分の比較的短い風刺的な作品を撮っているのだが、この一致は偶然なのだろうか。いずれにしても、本作でも必ずしもヒロインに救いがもたらされたようには思われない。『8½』の女性版『魂のジュリエッタ』においても、カトリシズムは、教義と祝祭性、精神性と視覚的な喜び、抑圧と解放、断罪と救済のあいだで揺れ動いているのだ。

サタンと戯れる

ところで、悪魔《サタン》とは元をたどれば、神に背いて地上に堕とされた天使のことでもある。つまり、悪魔は天使の裏の顔であり、天使はまた悪魔にもなりうるということだ。聖書には「サタンでさえ、光の天使を装うのです」ともある（『コリントの信徒への手紙二』十一章十四節）。もちろん、悪魔主義とカトリシズムとは敵対する関係にあるのだが、しかし伝統的に、前者は後者の内部で生まれ育まれてきたものである。フェリーニはこの点も見逃してはいない。

オムニバス映画『世にも怪奇な物語』（一九六七年）の一篇『悪魔の首飾り』（原題は『トビー・ダミット』）でフェリーニは、エドガー・アラン・ポーの短篇小説（「悪魔に首を賭けるな」）を自由に翻案しながら、ローマの町で悪魔に吸い寄せられてついには首をとられる主人公のイギリス人役者トビー・ダミット（テレンス・スタンプ）を登場させる。史上初のカトリック西部劇を撮るためにローマの空港に降り立ったトビーだが（ちなみに、程度の差こそあれ西部劇やマカロニ・ウエスタンの主人公にはたいていキリストのイメージが投影されてきた）、そのときから彼には、いたいけな少女の幻影が取り憑いている。つまり、『甘い生活』の天使のような少女が、あろうことか悪魔に化けてスクリーンに帰ってきて、今度は主人公を引きずり回すのである。テレビのインタヴューに応えて、「わたしは、イギリス人でカトリックではない」、「わたしには悪魔の方が心地いい。それは小さな少女のように見えます」と公言するこの役者は、少女の不気味な笑みに駆り立てられるようにして番組を途中で抜けだし、フェラーリで真夜中のローマ市街から郊外へ猛スピードで疾走し、ついに工事中の高速道路で命を落としてしまう。その首を見て最後に不気味な笑みを浮かべるのは、天使ならぬ悪魔の少女である（図29）。これはくしくも、『甘い生活』のラスト、天使のよう

図29　フェリーニ『悪魔の首飾り』より

図30　フェリーニ『アントニオ博士の誘惑』より

な少女の笑みに救われたかに見えるマルチェッロとは、ちょうど反転した関係にある。悪魔が堕ちた天使だとするなら、トビーはもうひとりのマルチェッロでもある。

　時間は前後するが、やはりオムニバス作品『ボッカチオ'70』（一九六二年）の一篇『アントニオ博士の誘惑』では、『甘い生活』の「地上のウェヌス」アニタ・エクバーグが今度は「魔女」となってスクリーンに帰ってくる。テーマの原型は、砂漠の苦行僧に数々の魑魅魍魎が襲いかかるという、キリスト教美術やギュスターヴ・フローベールの小説などでおなじみの「聖アントニウスの誘惑」にある（レオーネ二〇一六）。巧妙にもフェリーニはこれを現代ローマの寓意的コメディに置き換える。

　ローマ郊外の新興住宅地エウルの広場に突然出現した超巨大な看板広告、そこにはセクシーな姿で横たわり公衆に笑みを売るアニタがいる。これを一目見て怒りに燃える禁欲的な道徳家アントニオ博士（ペッピーノ・デ・フィリッポ）の前に、夜な夜なその看板から抜け出した巨大なアニタが現われて彼を誘惑しようとする。博士によると、この卑猥な広告は「放射能よりも危険」で、モデルのアニタは、「魔女」にも「バビロンの大淫婦」（『ヨハネの黙示録』）にもなぞらえられる。その巨大なアニタと、彼女にからかわれもてあそばれる微小な博士の二人の絡みが本作の最大の見せ場である。ファシズム時代の申し子、イタリア文明館（その形状から「四角いコロッセオ」という異名をもつ）を中心にエウル地区が見事に縮小再現されたセットのなかを、アニタがところ狭しとばかり闊歩する（図30）。彼女がヌードになろうとすると、博士は、映画の観客に向かって「見るな」といって、ヴェールや自分の着ているものでスクリーンを覆い隠そうとする。ここには明らかに、過去の自分の映画に向けられてきた批判を自虐的に皮肉るという意図が込められている。豊満な胸に抱かれた博士が、はからずも「気持ちがいい」ともらし、叔母の名前を口走ってしまうのは、いかにもフェリーニらしいマザーコンプレックスの演出である。最後に病院に運ばれることになるのは、妄想に取り憑かれた博士である。救急車の上で、天使のようにもキューピッドのようにも見える有翼の幼児――ルネサンス美術によく登場するプット（童子）――が最後にいたずらっぽい笑みを浮かべている。コミカルで軽妙なタッチによって本作が強烈に風刺するのは、宗教的で道徳的な禁欲主義なのだが、フェリーニには、アントニオ博士を断罪しようとする意図など毛頭ない。博士の妄想と妄信は笑いの対象であって、嫌悪や裁きの対象ではない。裁きを笑いに、憎しみをアイロニーに転じること、そこにフェリーニの諧謔の真意がある。

ファシズムとカトリシズム

一九二〇年生まれのフェリーニにとって、少年時代におけるカトリック的な教育の記憶はまた、ファシズムの記憶とも切り離すことはできない。『フェリーニのローマ』（一九七二年）と『フェリーニのアマルコルド』（一九七三年）では、ローマ教会とファシズムとの共犯関係がそれとなく暗示される。『フェリーニのローマ』において、ファシズム時代の小学校の教室の正面壁には、ムッソリーニの肖像写真の隣に十字架のキリスト像が飾られている。映画館では、キリスト教誕生時の古代ローマの活劇（『ベン・ハー』のようにも見えるが登場人物の名は一致しない）の合間に、ファシストの活躍を伝えるニュース映像が流れている。だが、その間も彼ら観客のいちばん気にかかるのは、「不品行だと評判の」薬剤師の妻が客席にいることである。誰もが真剣にニュース映像に見入っているわけではなくて、彼女についてエロティックな妄想を遊ばせている者もいる。フェリーニはあえて、こうした庶民のしたたかさの方に焦点を当てようとする。

図31　フェリーニ『フェリーニのアマルコルド』より

『フェリーニのアマルコルド』では、監督本人の分身でもある少年ティッタ（ブルーノ・ザニン）を中心に、一地方都市リミニでの戦時中の記憶が描かれる。父親アウレリオ（アルマンド・ブランチャ）は、ファシストを毛嫌いしていて、そのパレードの見物に参加しなかったのだが、そのことで当局からにらまれて連行されると、そこでは、町の教会の司祭がファシストの役人たちと密談していて、その姿がほんの一瞬だけ半開きのドアの向こうの部屋に映しだされる。こうしてごくさりげなく、教会とファシズムとのつながりが暗示される。

一方、パレード見物に行った面々も、喝采を挙げながらそれぞれが別の空想に遊んでいる。ティッタの友人は、ムッソリーニの大きな肖像の前で、あこがれの少女と結婚式を挙げる妄想を膨らませる（図31）。ティッタとその仲間たちは教会での告解を拒むことはないが、そのときも、言葉では殊勝にも司祭に懺悔しながらも、頭のなかではエロティックな空想を楽しんでいる。前に引用した『8½』に登場する映画批評家ドーミエ――フェリーニの「超自我」――の言い方を借りるなら、ファシズムとカトリシズムにまつわるこれらの思い出はいずれも、「ノスタルジーに浸された些細な記憶」、「無害でつまるところ感傷的な諸々のイメージ」であって、それを再現することは「共犯関係のプロット」になってしまう恐れがあるのだが、もとよりフェリーニはそのことを承知でやっているのだ。裁きを笑いで、憎しみや怒りを皮肉や諧謔で置き換えようとするから、たしかに、危ういあいまいさが残ることになる。それはまた、一般にフェリーニが「非政治的」と評されてきたゆえんでもあるだろう。

図32　フェリーニ『フェリーニのアマルコルド』より

とはいえ、すべてがそうだというわけではない。たとえば、パレードの日の夜、教会前の広場にどこからともなく革命歌『インターナショナル』のメロディが流れてきて、ファシストたちをいらだたせる。

教会の鐘楼からその音が聞こえてくることがわかると、彼らはそこに銃を向けて一斉に乱射しはじめる。すると、高い鐘楼から、大きなホーンスピーカーのついた蓄音機が広場に落下してくる。この場面では、むしろカトリックとレジスタンスとが結びつき、ファシストはそのいずれにもピストルを突きつけているのである。

『フェリーニのアマルコルド』ではまた、「フォゲラッチャFogheraccia」と呼ばれる異教起源の庶民の祭が描かれる（図32）。使い古しの家具や不用品などを山のように積み上げて、その頂に「冬の魔女」を象徴する人形を置き、そこに火を放って焼き払う祭で、キリスト教になると聖ヨセフの祝日三月十八日におこなわれてきた（リミニでは伝統的にこの祭が盛大に催されてきたようで、今もつづいている。日本のとんど焼きがこれに近いと思われる）。春の到来と新しい生命の誕生を祝う農耕祭にして、無礼講も許されるバッカス的な要素にも事欠かないその祭を、映画は実に最初の七分余りをかけてじっくり再現して見せてくれる。異教とのつながりを伝えるフォークロアの祝祭に、フェリーニは変わることのない愛着を注いでいるのである。

異教のローマ、キリスト教のローマ

一方、『フェリーニのローマ』では、この章の最初に触れた教皇庁のファッションショーのすぐ後、最後のシークエンスで「ノアントリ祭」が描かれる。「われわれみんなnoi altri」がなまってこう呼ばれるこの祭は、毎年六月の後半に聖母マリアを記念してトラステヴェレ地区で盛大に祝われてきた。十六世紀初めに漁師が偶然に見つけた、テヴェレ川を流れる聖母像を地区の教会堂に奉納したという言い伝えにさかのぼるのだが、実は祭自体は、一九二〇年代にファシズム政権下で民衆操作のために大いに振興されたといういわくつきのものである。もちろんフェリーニがそのことを知らないはずはないから、カトリシズムとファシズムの結託が民衆的な祭のなかに投影されてきた歴史が、やはりそれとなく示唆されていることになる。祭の期間、地区の人々のみならずローマ市民たちは、広場に集っては、大いに飲んで食べ、歌って踊る。映画のなかでも、英語が方々で飛び交っていて、いまや祭が観光化していることを印象づける。アメリカの作家ゴア・ヴィダル（本人）が、地球が自滅しつつある現在、興亡を繰り返してきたローマで世界の終わりを見届けるのがふさわしいなどと、英語なまりのイタリア語で黙示録めいたセリフを吐いている。もちろん、ローマに付き物の盗難も欠かせない。そんな混沌とした賑わいがドキュメンタリー調でカメラに収められていく。広場の噴水に大勢の若者たちがたむろしていると、その数に負けないくらいの警官が突然現われて、暴力で強引に彼らを追い払っていく。この場面には明らかに、一九六八年の学生運動の弾圧の記憶が投影されている。

祭の最大のクライマックスは、ご神体のマリア像「カルミネの聖母」の行列なのだが、映画ではおそらくあえてその場面は割愛されている。代わりに、誰もが寝静まったころ最後に登場するのは、「ローマのシンボル」たる女優のアンナ・マニャーニである。オフの声でフェリーニ本人が彼女をそう呼び、さらに「牝狼にしてウェスタ神殿の巫女、貴族にして女乞食 stracciona でもあるようなローマ」、「陰気でおどけ、こうして明朝まで並べ立てることができる」とつづけると、マニャーニが「フェデリ、帰って寝なさい」とやり返す。そこで監督がやはりオフの声で「ひとつ聞いてもいいかな」と問いかけると、「あなたを信用してないの」とそっけなく言い返される。そして彼女は屋敷のなかに消えていく。これが大女優にして「ローマのシンボル」たるアンナ・マニャーニのまさに最後の映画出演となった場面なのだが、彼女はたしかに、ローマ建国の兄弟ロムルスとレムスを育てたとされる牝の狼であり、さらに聖母マリアでもあれば、異教の女神にして土俗的な大地母神でもあるだろう。同じく彼女が主演したパゾリーニの『マンマ・ローマ』（一九六二年）がまたそれを証明しているように。「あなたを信用してないの」、こんな（フェリーニにとって）自虐的なセリフが彼女の口から飛び出してくるのは、四半世紀前に共演した『アモーレ』のことがあるからだろうか。先述したように、マニャーニ演じる現代の貧しくて素朴な「マリア」は、若い日のフェリーニ演じる浮浪者をイエスの養父「聖ヨセフ」だと信じ込んでしまい、酔って寝入ったすきに子を孕まされたのだった。たしかにマニャーニは、聖母マリアでもあれば、同時にローマの守護神ミネルヴァにして、アッピア街道の娼婦でもありうる。

「三つのローマ」

ところで、ローマに憧れと同時に恐怖も抱いていた精神分析の生みの親フロイトは、『夢判断』（一九〇〇年）を上梓した後、はじめて念願の都に足を踏み入れることができたのだが、そのときの印象を「三つのローマ」という言葉で友人の医者フリースに書き送っている。すなわち、古代の異教、カトリック、そして現代のローマである。

古代のものには完全に、そして邪魔されることなく没頭できたのですが（ネルヴァ広場近くにあるミネルヴァ神殿の、破損して品位をおとしめられた残骸でさえ、僕は崇拝することができたでしょう）、その一方で、第二のローマは、率直に楽しむことはできませんでした。その雰囲気が僕を混乱させたのです。高い天へと頭を持ち上げるような、人間の救済についての嘘が、僕には我慢ならなかったのです。というのも僕は、自分自身の惨めさや、僕の知っているほかのあらゆる惨めさのことを思わずにはいられなかったからです。

第三の、イタリア人のローマは、僕にとって、希望に満ちあふれて好感のもてるものでした。（岡田　二〇〇八）

この手紙が証言するように、第一のローマ、つまり異教的な古代のローマと、第三のローマ、つまり官能的な現代のローマは、フロイトの大のお気に入りである。この二つのローマは、彼の最大の関心事であるタナトス（死の欲動）とエロスをそれぞれ象徴するものでもある。だが、第二のローマ、すなわちカトリックのローマには戸惑いを覚える。その人類救済の教えは、「神なきユダヤ人」にとって、虚偽であり欺瞞でしかない。話がフロイトに脱線しているように聞こえ

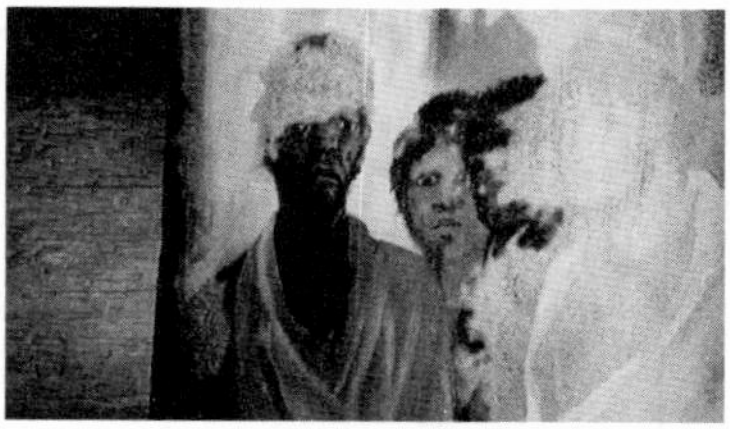

図33　フェリーニ『フェリーニのローマ』より

るかもしれないが、わたしは、イタリア人フェリーニもどこかこれに近い感覚を抱いていたのではないかと思っているのである。

　が、そのフロイトも、繰り返しローマへの旅を重ねるたびに少し印象が変わってくる。一九〇七年の夏の終わりに三度目にローマを訪問した折には、家族への手紙のなかで、こう書き送っているのである。「今日はヴァチカンでラオコーン群像と、偉大なすべての神々たちに再会してきた。教皇たちの為すままにさせておかなければならない。うまいことに彼らは、自分たちの敵を打ち破って埋葬したのだ。新たなローマがまったく不適切というわけでないのは、この内に残されている力と美によってである。いまやわたしは、土地の人のように道を歩いているよ」と。もはやフロイトは、カトリックのローマを忌避してはいない。フェリーニにとってもまた、第二のカトリックのローマとは、異教的で土着的な伝統をその内に秘めつつ生きつづけてきたものだったにちがいない。なによりも、マリア信仰がそうであったように。

　ここで改めて映画のローマに話を戻すなら、本作のなかでもわたしのいちばん好きな美しいシークエンスがある。地下鉄の工事現場で、偶然にも古代のフレスコ画が発見されたという架空のエピソードがそれである。一族の肖像が並ぶその絵柄から察して、初期キリスト教時代の地下墓室《カタコンベ》のものではなくて、異教の貴族の館の装飾らしい。ところが、地上の風が否応なくそこに吹き込んでくると、その壁画は無惨にも色褪せ、空気のなかに吸い込まれるようにして徐々に消えていくのである（図33）。フロイトの言葉を借りるなら、第二のローマのおかげで守られていた第一のローマが、第三のローマによって消滅してしまう、というわけである。大のイタリア通のフロイトはまた、別のところで、ポンペイの破壊はポンペイの発掘とともに始まったと、言いえて妙の逆説を披露している。つまり、地中に埋もれているかぎり遺跡は守られているのだが、地上の空気に触れるや崩壊しはじめる、というわけである。映画のなかの消えるフレスコ画のシークエンスが、まさしくこれを映像化している。

さて、三つのローマ——女神ミネルヴァ（古代）と聖母マリア（カトリック）とアッピア旧街道の娼婦（現代）——を一身で体現しているアンナ・マニャーニが扉の向こうに消えた後、カメラは本篇の最後に、真夜中の市街に轟音を立ててバイクで勢いよく走り抜ける、まるで暴走族のような集団を前と後ろから追いかける。このスピード感あふれるラストの映像のモンタージュ（三分強）のなかに次々と映り込んでくるのは、フォロ・ロマーノやコロッセオをはじめとする古代ローマの遺跡はもちろんのこと、それに負けないほどの、イル・ジェズ聖堂やトリニタ・デイ・モンティ聖堂といったカトリック教会堂の数々である。しかも、この場面の最初に現われるのは天使城《カステル・サンタンジェロ》で、この建物には、もともとローマ皇帝ハドリアヌスの墓廟として建設されたが、中世以来ヴァチカンの要塞や牢獄に変えられて生き延びてきたという因縁がある。フェリーニは、この映画の最後で、まさしく「三つのローマ」がひとつのクロノトポスとなって生きつづけていることを、ダイナミックな映像によって表現しようとする。

さて、このあたりでそろそろ本章を終えるとしよう。フェリーニは、一般にそういわれているほど教会嫌いでも、政治的なものに無関心なわけでもない（そもそもその葬儀は、ローマのサンタ・マリア・デリ・アンジェリ聖堂で盛大に執りおこなわれた）。彼にとってカトリシズムとは本来、異教やフォークロアと対立するどころか、共通の根をもち共存可能なものである。スペクタクル性や祝祭性ともまた矛盾しない。それゆえ、その扱いがしばしば両義性を帯びることになるのは、ある意味で必然かもしれない。主に一九五〇年代から七〇年代初めまでの作品を追ってきた本章が、そうしたフェリーニ映画の側面をわずかなりとも浮彫にできたとするなら、ひとまず目的は果たせたことになるだろう。

Ⅲ　パゾリーニと伝統のアヴァンギャルド

ボローニャ大学の学生時代に美術史に目覚め、若いころにいちどは画家を志したことのあるピエル・パオロ・パゾリーニにとって、美術と映画とは切っても切れない関係にあった。この章では、論争好きでもあったこの不世出の作家の映像作品において、美術がいかに大きな役割を果たしているかに着目してみることにしよう。

パゾリーニの鏡に映るポロック

まだ二十歳にも満たない青二才がひとり、何枚もの透明な大ガラス板に向かって、強い口調でいっぱしの絵画論（芸術論）をぶつけながら、白い絵具で思うがままなぐり描きをしている（図1）。いうまでもなく、パゾリーニの『テオレマ』（一九六八年）の後半を飾る三分間強の一場面である。少し長くなるが、しかも文章がやや硬くなることも覚悟のうえで、あえて私訳でそのセリフを以下に引用しておこう（DVDの字幕は、簡潔を期すためであろう、省略されている部分がかなりある）。

これまでのどんなやり方にも似ていない、理解不能な新しい描き方を編みだす必要がある。幼稚さ、滑稽さを避けるために。判断基準がまだないために比較されるもののない自分だけの世界を、技法として打ち立てることが必要だ。画家が無能で異常で劣等だと気づかれてはならない。生き残るためにウジ虫のように身をよじり這いずり回っているだけだと気づかれてはならない。まちがっても、お人好しと思われないように。すべてが、未知で判断不能な規則に基づいていて、完璧なものとして示されなければならない。まさしく狂った者のように。ガラスの上にガラスを重ねていく、ぼくは何も修正することができないから。誰にもそれを悟られないように。ガラスに描いた跡の上に、別のガラスに描いた跡を重ねると、汚さないですむ。だが、それが能無しの便法だと誰にも気づかれないように。とんでもない。むしろ、確実で冷静で気高い、ほとんど有無を言わせぬ判断なのだ。震える筆の偶然のおかげでうまくいったのだと悟られてはならない。奇蹟的にもうまくできたら、聖遺物箱に入れるようにして、すぐにそれを守り大切に保管しておく。だが、誰にも気づかれ

図1　パゾリーニ『テオレマ』より

てはならない。画家は、震えおののく哀れな愚か者、とるに足らない輩で、偶然と危険が頼みの綱で、子供みたいに恥知らず、滑稽なメランコリーに陥って、永遠に何かを失ってしまったと卑しんで生きている、ということを。

さらにこれにつづく場面でこの画家の卵ピエトロ（アンドレ・ホセ・クルス）は、全体を青一色に塗ったカンヴァスに向かって勢いよく小便をかけたり（図2）、あえて目をつむったまま真っ白いカンヴァスに青い絵具——くしくもそれは、イヴ・クラインのブルーと似た色をしている——を垂れ流して、わざわざ映画の観客に見せるようにして、それを壁にかけたりすることまでやってのける（図3）。まるで目は見えずとも絵は描けるといわんばかりに。

この一連のシークエンスでパゾリーニは、あきらかに当時の現代芸術の潮流のいくつかをかなり独断的に誇張して皮肉っているように思われる。とりわけ、アメリカの抽象表現主義とポップアートがその標的である。もちろん対象が何であれ、それを皮肉ったり風刺したりしようとすれば、誇張やデフォル

図2　パゾリーニ『テオレマ』より

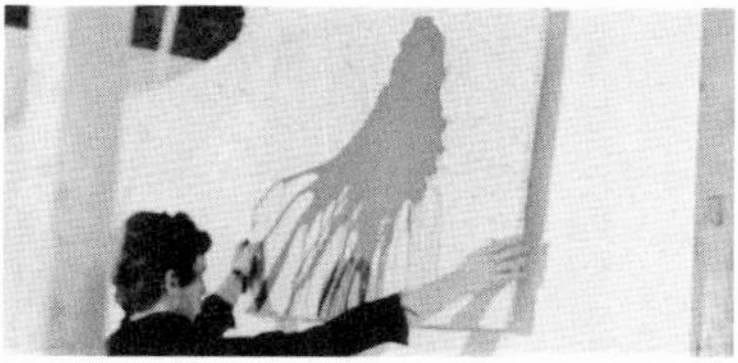
図3　パゾリーニ『テオレマ』より

メに訴えることは有効な戦略にちがいないが、これらの場面ではそれは、ほとんどこれ見よがしなほど確信犯的におこなわれている。児戯じみたなぐり描きでも、小便をかけるだけでも、目をつむっていても、れっきとした絵画作品になるのだといわんばかりに。

この映画をはさんで一九六六年と六九年の二度にわたり、パゾリーニはニューヨークの地を踏んでいるので、二十数年前には画家を志し、美術批評も数多く残している彼のこと、アメリカ美術の二大スター、ジャクソン・ポロックとアンディ・ウォーホルの作品も現地でおそらく実見していたにちがいない。このとき、ドリッピング(垂れ流し)の手法を編みだしたポロックはすでに他界していたが、その自由な「独創性」は、冷戦下におけるアメリカ的イデオロギーを代弁するものともなっていた(Stonar 1999)。一方、パゾリーニと同じく一九六〇年代に映画にも手を染めるウォーホルのいわゆる最初の《ピス・ペインティング》は、一九六一年にさかのぼる。

ポロックが、イタリア——それどころかヨーロッパ——の観客の前にはじめてお目見えしたのは、一九四八年の第二十四回ヴェネツィア・ビエンナーレでのこと。さらにつづく一九五〇年の第二十五回ヴェネツィア・ビエンナーレでも出展されたのち、同年、同じ水の都のコレール美術館で初の個展——全二十三作品(アムステルダムから運ばれた二点を除いて、あとはすべてペギー・グッゲンハイムのコレクション)——も開催されていた(Wigal 2005: 60)。にもかかわらず、パゾリーニがポロックについて言及したという形跡はない。

その彼が学生時代にボローニャ大学で美術史の薫陶を受け、「真の師」とも仰いで『マンマ・

ローマ』（一九六二年）を捧げた相手、ロベルト・ロンギは、アメリカの抽象表現主義に否定的だったが、その弟子で、監督の友人でもあった美術史家フランチェスコ・アルカンジェリは、一九五六年のエッセーでポロックに「近代のカオスのもっとも偉大な画家」（Arcangeli 1977: 336）と賛辞をおくり、イタリアの批評界は二分された状態だった。パゾリーニはどちらかというと師ロンギに近い立場だったようだ。しかも彼の共感はむしろ、シチリア出身で、「完全な政治的自覚」と「市民としての責任」をもって貧しい農民や労働者の抑圧や抵抗を絵画で訴えていたリアリズムの画家、レナート・グットゥーゾに向かっていた（Pasolini 1999a: 2380-2390）。

パゾリーニの鏡に映るウォーホル

一方、時代は一九七五年まで下るが、『テオレマ』の監督は、フェッラーラに今も残るルネサンスの美しい建築、ビアッジオ・ロセッティ設計のディアマンテ宮で開かれたイタリア初のウォーホルの個展『レディース・アンド・ジェントルマン』に寄せて興味深い文章を残している。そこにおいてこの著者は、ヨーロッパからアメリカに届くメッセージと、逆にアメリカからヨーロッパに届くメッセージとを対比させて、前者が「現実の分裂、分離、対立」であるのにたいして、後者は、「エントロピーに由来する画一性、同質性、一体感」であると述べる（Pasolini 1999a: 2711）。「エントロピー」という、当時としてはまだ耳慣れない物理学の用語で、彼が何をいわんとしたのかは定かではないが、飽和状態から自滅に向かう後期資本主義と消費文化のことが念頭にあったのは確かだろう。ウォーホルはまさしくその象徴とみなされているのだ。ちなみに、アメリカの美術界では、ミニマルアートからランドアートに向かうロバート・スミッソンが、一九六〇年代半ばにいち早く「エントロピー」を自作の理念に掲げていたが、パゾリーニがそれを意識していたかどうかはわからない（この熱力学の概念が情報理論に応用されるようになるのは、一九四〇年代末からのことである）。

さらに、こうも診断される。ウォーホルにおいて、「世界の表象はあらゆる弁証法の可能性を排除している。と同時にそれは、暴力的なまでに攻撃的で、絶望的なまでに無力である。それゆえ、彼の狡猾で横柄で容赦ない〈遊び〉のよこしまさの内には、根本的に並外れた無垢さがある」(Pasolini 1999a: 2714)。つまり、歴史をご破算にしてしまう消費文化の「遊び」にたいして、根本的な疑問が投げかけられているのである。イタリアでも一九六〇年代、マリオ・スキファーノやピーノ・パスカリらのいわゆる「ポポロ広場派」のアーティストたちによって、独自のポップアートが展開されることになるが、もちろんパゾリーニはこれには無関心だったようである。六〇年代後半にはまた、トリノを中心に「アルテ・ポーヴェラ（貧しい芸術）」と呼ばれる前衛的な芸術運動が勃興してきて、その反消費主義やアンチ・ポップアートの姿勢において、パゾリーニとも通底するところがあるように思われるのだが、これについても彼にはほとんど関心がなかったようである。

後期資本主義の申し子と異端的なマルクス主義者、ウォーホルとパゾリーニとはおよそ水と油ほどかけ離れた存在のように見える（Merjian 2010）。一方が、上流社会に憧れつつ通俗性をアートに昇華させるとすれば、他方は、下層階級とアルカイックな世界にまなざしを注ぎながらも、あくまで高い芸術性を志向しようとする。パゾリーニのアメリカ旅行について、イタリアの高名な女流ジャーナリストで作家でもあったオリアナ・ファッラチは、「ニューヨークのマルクス主義者」と題されたインタヴュー記事で、彼が社会的・性的・人種的なマージナルに強い興味を抱いたこと、「汚れて不幸で暴力的なアメリカ」こそが彼の趣味に合致していたことを報告している（Pasolini 1999b: 1597-1606）。ちなみに、ユニオン・スクエア三十三番にあったウォーホルの二番目の「ファクトリー」（一九六八―七三年）が、アメリカ共産党本部と同じビルの二階下だったというのは、どこか皮肉な因縁である。

とはいえもちろん、二人のあいだに接点がないわけではない。同じ同性愛の映像作家として、イタリアの監督がアメリカのポップ・アーティストに関心を示していたらしいことは、ドラッグとセックスとトランスジェンダーを題材にした『トラッシュ』（一九七〇年、製作ウォーホル、監督ポール・モリセイ）のイタリア語版の監修を、ほかでもなくパゾリーニが務めていることからも証言される。

描く行為の映像化とモダニズム神話

さて、『テオレマ』に戻るなら、絵を描くピエトロの行為を通して強烈に皮肉られているのは、創作における即興性や自発性、主観性や自己表出性などといった、近代主義的な芸術観であるように思われる。第七の芸術たる映画もまた、実のところ、こうしたモダニズム神話の形成に貢献してきた感がある。その代表ともいえるのが、アンリ＝ジョルジュ・クルーゾーの名高いドキュメンタリー映画『ミステリアス・ピカソ——天才の秘密』（一九五六年）である。ピカソの創作の「秘密」に迫ろうとしたこの映画では、画家の自由奔放なタッチと鮮やかな色彩から絵画——十九枚の彩色画とデッサン——が次々と生みだされていくプロセスが、まるで透明なガラスを通して見るかのように、スクリーンいっぱいに紙の裏側から撮影されていたのである（図4）。その映像は、湧き上がるインスピレーションのおもむくままに画家が、あたかもリアルタイムで素早く筆を走らせ一気呵成に絵を完成させていくかのように見せているが、もちろんそれは巧みな編集の結果である。話がクルーゾーの映画に逸れたついでに付言しておくなら、「天才の秘密」というサブタイトルのこの作品について、むしろ「ピカソ——ショーマンの秘密」か、それとも「ピカソ——道化の秘密」に改題した方がずっとましだと鋭い指摘をしたのは、誰あろう、事の本質を見抜いていた花田清輝であった（花田 一九九二）。

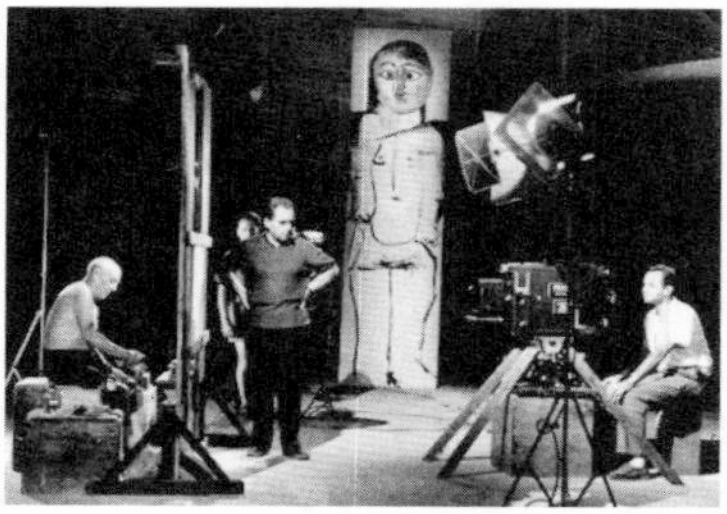

図4　クルーゾー『ミステリアス・ピカソ——天才の秘密』より

実はパゾリーニには「ピカソ」と題された長篇詩がある（一九五七年の『グラムシの遺骸』に所

収)。一九五三年にローマの国立近代美術館で開催された『ピカソ展』(リオネッロ・ヴェントゥーリ監修)を機に書かれたこの詩において、論争好きのその作者は、「ピカソの誤り」を告発する。たとえいかに戦争の悲惨に目を向けるとしても、「巨人のように脂ぎった表現力の単に気まぐれな驕り」のなかでは、「民衆は不在になる」のだ、と(パゾリーニ 二〇一一)。なによりパゾリーニの念頭にあったのは、もちろん、スペイン内乱でのドイツ空軍による無差別爆撃を告発した名高い作品《ゲルニカ》(一九三七年)であったろうことは、想像に難くない。

ルンペンプロレタリアートを描く

では、パゾリーニにとって「民衆」はどこにいて、どのように表現されうるのだろうか。そのひとつの回答が、はじめて彼がメガホンをとった映画『アッカトーネ』(一九六一年)によって与えられている。

ローマ周辺のルンペンプロレタリアートを描いたこの作品において、「乞食Accattone」とあだ名で呼ばれる主人公(フランコ・チッティ)は、娼婦に寄生するしか能のないどう見ても救いがたい「ヒモ magnaccia」である。だがパゾリーニは、そんな最低男にさえも、かすかな救いの可能性を残しておく。

本作で助監督を務めたベルナルド・ベルトルッチが後に回想しているように、パゾリーニの参照は、他の映画作品——そもそもほとんど知らなかったらしい——ではなくて、プリミティヴ絵画、つまりラファエッロ以前のルネサンス絵画であったという（Bertolucci 2010: 151-152）。このことは、本人もしっかりと自覚していたらしく、たとえば次のような言葉を残している。いわく、「わたしの映画の好みは、映画にではなくて造形美術に起源がある」、「絵画への当初の情熱を抜きにして、わたしは、イメージも風景も人物構図も構想することはできない」と（Pasolini 1998: 1845）。

たしかに、まるでマザッチョの絵さながらに、カメラはたいてい正面から、最下層民たちの表情や動きをストレートにとらえ、左右にパンしたり上下にティルトしたりすること、さらにトラヴェリング（移動撮影）したりすることはそれほど多くはない。ましてカメラが回転したりうねったりすることはほとんどない（これは、パゾリーニの原案でベルトルッチの監督第一作となった一九六二年の『殺し』の複雑なカメラワークとは対照的である）。登場人物たちをストレートにとらえるその手法は、中世の素朴なイコン画さえ連想させるところがある。映画のなかの顔には二重性がある、と語るのはジャック・オーモンだが（Aumont 1992）、それを敷衍《ふえん》するなら、ひとつは役者本人の顔、もうひとつは、イコンが神の顔に通じるのと似たような意味で、人間を超えて聖なるものへと向かう「顔」である。パゾリーニの描くルンペンプロレタリアートたちは、まさしくこの二重性を帯びた「顔」の典型といえる。

こうしたストレートな画面作りを監督の未熟さに帰することはできるかもしれないが、たとえば、女子刑務所の正面ショットなどに見られるように（パゾリーニや若きアガンベンとも交友のあった女流作家エルサ・モランテが、画面左の受刑者としてカメオ出演している)、簡素な建物と人物からなる単純だが力強い正面観の構図もまた、ジョットの絵画にインスピレーション源があるように見える(図5)。後に撮ることになる『デカメロン』(一九七一年)において、パゾリーニ本人が画家ジョットの高弟に成りすまして登場していたことも思い出されるだろう。

映画のはじめ、仲間たちに大見得を切ったアッカトーネは、天使橋の欄干からテヴェレ川に飛び込もうとする。その背後にベルニーニの手になる、バロックの天使の彫像が映っているが(図6)、このショットはまるで、彼が天から地上に堕ちてくる墜落天使の成り代わりでもあるかのようだ。純真な娘ステラ(フランカ・パスット)すらも街の女におとしめてまで金を巻き上げようとするアッカトーネだが、回収された山積みのガラス瓶をひとつひとつ洗うという単純労働を淡々とこなしている彼女をはじめて見かけたとき、柄にもなく彼は、「重労働だよな」、「食べていけるのか」などとやさしい言葉をかける。画面下いっぱいに無造作に積み上げられた瓶や

図5　パゾリーニ『アッカトーネ』より

図6　パゾリーニ『アッカトーネ』より

図7　パゾリーニ『アッカトーネ』より

図8　パゾリーニ『アッカトーネ』より

壺のショットを見るとき（図7）、わたしは、ジョルジョ・モランディとその静物画のことを連想しないではいられないが、これは牽強付会に過ぎるだろうか。ボローニャのフォンダッツァ通りにある僧房のように質素なそのアトリエで、画家は何十年ものあいだ、何の変哲もないばかりか、みすぼらしくさえある埃まみれのいくつもの瓶や壺たちに囲まれて、ひたすらつつましくも詩的で気高い絵画を描きつづけていたのだった。同郷の監督が、そのことを知らなかったはずはないし、「師」と仰ぐロンギとモランディとは、深い信頼関係で結ばれてきた仲である。その師のもと、学生だったパゾリーニは「カルラ、デ・ピシス、モランディ」を卒業論文のテーマに選ぶが、戦時下にあって残念ながら完成されることはなかった（詳しくは拙著［岡田　二〇〇三］を参照願いたい）。

　さて、なけなしの金でステラにまともな身なりをさせ、街に立たせようと密かに目論んでいるアッカトーネが、ボルガータ（郊外の新興住宅地）に建ついささかキッチュな教会堂正面を飾る絵のなかの聖人像とツーショットになる場面がある（図8）。ステラが教会のなかに入ろうとするのを、信仰心などみじんもない主人公が引き留めるようにして広場を通り過ぎるところである。こんな救いがたい輩でも祝福に値しないわけではないといわんばかりに、そのショットでは、教会堂の守護聖人が、オランス（祈る人）の仕草で主人公の背後に控えている。まるで彼のために祈り守るかのように。カプチン・フランシスコ修道会のこの聖人は、ローマ北の田舎町カンタリーチェの農民出身の聖フェリーチェで、十六世紀にその献身的な貧民救済で庶民的な信仰を集め、この絵もまたそうであるように、托鉢してパンを集めるための頭陀袋《ずだぶくろ》をもつ姿で表わされてきたという図像の伝統がある。この一瞬のさりげないショットもまた、それゆえ、民衆のアルカイックな信仰に共感を抱きつづけてきたパゾリーニによって、周到に計算されたものであると考えられる。

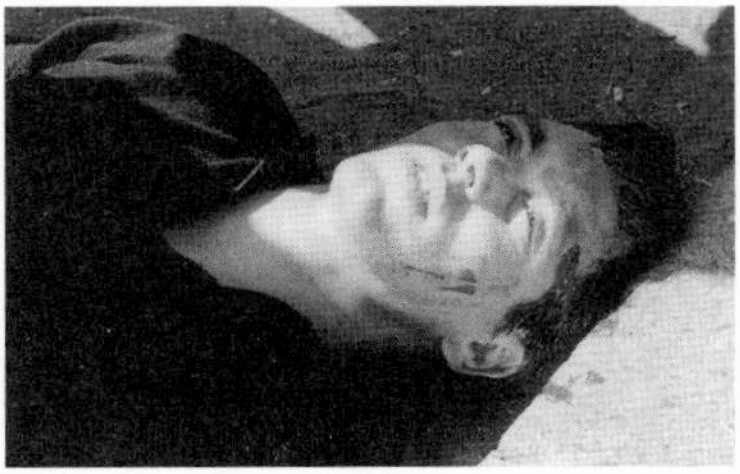

図9　パゾリーニ『アッカトーネ』より

とはいえ、そんな「ヒモ」でも罪の意識がまったくないというわけではない。自分の遺体を埋葬するために墓掘人が穴を掘っているという悪夢を見たりする（この場面はおそらく、カール・ドライヤーの一九三二年の『吸血鬼』からインスピレーションを得ている）。そして実際に、仲間と卑劣な盗みを働いたために、警察の追手を無理やりかわそうとして不慮の事故に遭い、路傍に頭をぶつけてあっけなくも無様きわまりない最期を遂げてしまうのである（図9）。潔く手錠に収まった仲間のひとりが、駆け寄ってきて「大丈夫か」と声

図10　パゾリーニ『アッカトーネ』より

をかけると、「悪くない」と応じるが、これが最後のセリフになる。するとカメラはまだ目を開けたままのアッカトーネの顔から右斜め上に逸れて、もうひとりの仲間が手錠のまま十字を切るところをとらえて暗転する（図10）。画面の左、遠くテスタッチョの丘の上に十字架が立っているのがかすかに識別できる。それゆえ、古代ローマにおいて捨てられた無数の壺のかけらでできたこの丘には、イエスの処刑されたゴルゴタの丘がさりげなく重ねられていると見ることは可能だろう。十字架の刑は他でもなくローマ帝国の処刑法であった。惨めこのうえないアッカトーネの死の内にも、何がしかの贖罪の意味が込められているのである。

「わたしは過去の力である」

ちなみに、この最後のショットの素人役者は、一九六三年のオムニバス『ロゴパク』の第三話『ラ・リコッタ』において、イエスとともに処刑される善良な泥棒役を割りふられた貧しいエキストラを演じることになるが、画中、いつも腹を空かせている彼もまた、チーズを一気に食べ過ぎたために理不尽にも命を落としてしまう。イエス受難の映画をオーソン・ウェルズ（本人）がローマ郊外で撮っているというメタ映画的な設定の『ラ・リコッタ』で、主演の監督が、新聞記者（パゾリーニの友人で作家のフランチェスコ・レオネッティが演じている）に「この新作で何を表現しようとしているのか」と問われて、「わたしの深くて親密で古風なカトリシズムだ」と応じる場面があるが、それはもちろん、パゾリーニ本人の信念を代弁するものでもあるだろう。さらにつづけてウェルズは、詩の一節だと断って、これ見よがしに「マンマ・ローマ」と表紙にタイトルの印刷された本を開いて、しばし朗誦して聞かせる（図11）。「わたしは過去の力である。伝統のなかにのみ、わたしの愛はある。わたしは、廃墟から、教会堂から、祭壇画から、同信者たちが生きていたアペニン山脈とプレアルプスに打ち捨てられた村からやって来た〔……〕」と。この一節は、歴史の「襤褸《ぼろ》」や「屑」を救済しようとするベンヤミンや、「恥辱に塗《まみ》れた人々の生」を掘り起こすミシェル・フーコーにもどこか通じるところがあるように、わたしには思われる。

図11　パゾリーニ『ラ・リコッタ』より

実際、この詩は、「人里離れた廃墟」と題されたパゾリーニ自身のもので（後に詩集『薔薇の形の詩』一九六四年、所収）、『アッカトーネ』の後に撮ることになる『マンマ・ローマ』（一九六二年）とは直接の関係があるわけではない。とはいえここで、「わたしの深くて親密で古風なカトリシズム」とともに忘れてならないのは、「わたしは過去の力である。伝統のなかにのみ、わたしの愛はある」という、反動的で

図12　パゾリーニ《ロベルト・ロンギの肖像》

保守的とも受け取られかねない言い回しである。学生時代に「師」ロベルト・ロンギの薫陶を受けたパゾリーニは、たとえばアンフォルメルの絵画に深い共感を示すミケランジェロ・アントニオーニとは対照的に（次章および拙著［岡田　二〇一五］を参照）、抽象絵画やポップアートを素直に認めることはできない。ここまで見てきたように、それは彼の映像にしっかりと刻印されている。

絵心もあった二人だが、アンフォルメル調の抽象絵画を残しているアントニオーニにたいして、パゾリーニの描く絵――そのなかには何枚かの自画像や、ロベルト・ロンギの肖像画もある（個人蔵、図12）――は、デフォルメや戯画化をともなうとはいえ、あくまでも具象画にとどまっている。ロンギによって再発見され、カラヴァッジョ作と認められた《ナルキッソス》（一五九八年頃、ローマ、国立美術館、図13）に範をとった同タイトルの作品（個人蔵、図14）などは、その好例であろう（Oliva e Zigaina 1984; Campus 2010）。

しかしながらもちろん、たとえばピエロ・デッラ・フランチェスカやカラヴァッジョの絵をまったく新しいかたちで読み替えていったモランディの絵画がそうであったのと同じく、過去の遺産がそのまま繰り返されているというわけではない。

歴史に埋もれていたルネサンスとバロックを代表するこの二人の画家が、二十世紀の初めに新たによみがえったのは、パゾリーニが「師」と仰ぐロンギのペンによってであったことを、ここで改めて想起しておくべきだろう。アヴァンギャルドに顕著な「父親殺し」の身振り、つまりイタリアの場合、ルネサンス以来の伝統の遺産をはなからご破算にするという未来派的な身振りを拒絶して、空間と形態と光という造形的な観点から過去の美術を読み替えることで、みずからの絵画世界の内に吸収・同化させようと試みた、一九二〇—六〇年代のモランディの揺るぎない歩みと、ほぼ同じ時期のロンギの美術史の言説とは、どちらか一方から他方への影響というよりも、双方向に響き合う関係にある。その強い磁場のなかで、パゾリーニの造形感覚は培われていったのだ。

図13　カラヴァッジョ《ナルキッソス》

図14　パゾリーニ《ナルキッソス》

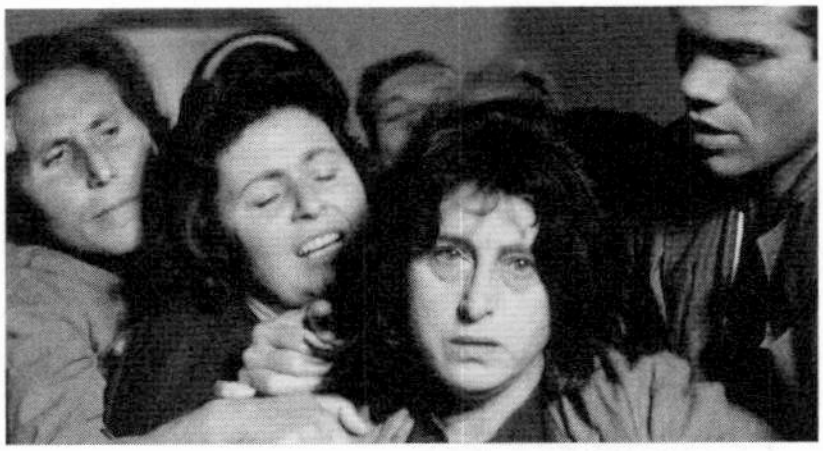

図15　パゾリーニ『マンマ・ローマ』より

「悲しみの聖母」――『マンマ・ローマ』

このあたりでそろそろ、『ロゴパク』のオーソン・ウェルズがわざわざ開いていた本のタイトル『マンマ・ローマ』の映画の方に目を転じるのがいいだろう。大半は無名の役者が演じていた『アッカトーネ』とは違って、アンナ・マニャーニというネオレアリズモの名女優をあえて起用したこの映画は、彼女が主役の『無防備都市』(一九四五年)や『アモーレ』(一九四八年)の監督ロベルト・ロッセリーニにオマージュを捧げると同時に挑戦してもいる作品で、やはり贖罪としての死が主要テーマになっている。異教ローマの地母神(マグナ・マーテル)たる女優アンナ・マニャーニは、ここで同時に、息子イエスの無惨で理不尽な死を悼む母マリア――「悲しみの聖母(スターバト・マーテル)」――の化身でもある(図15)。娼婦の境遇から苦労の末に自力で脱したマンマ・ローマは、ささやかなプチ・ブルの生活に憧れて新興住宅地にアパートを購入し、十数年ものあいだ田舎に預けていたひとり息子エットレ(エットレ・ガローフォロ)を迎えて、新たな生活に夢を膨らませるも、その息子が悪い仲間につかまったために、あえなくも夢が破れてしまうのだ。

とりわけ最後のシークエンス(六分間余り)で、警察にしょっ引かれたエットレが、ひとり拘束台に縛られて「マンマ、死にそうだよ」と叫ぶ場面は、強い短縮法で描かれたアンドレア・マンテーニャの《死せるキリスト》（一四七五年頃、ミラノ、ブレラ美術館、図16）を踏まえていることでよく知られているが、パゾリーニ自身も述べていたように（Vanelli 2014: 3）、単にそれだけではない。実は同様のショットは、マンマ・ローマの嘆きと入れ替わるようにして、四度繰り返されるのだが、そのたびごとに微妙に光の調子が変えられているのである。小さな天窓からさす光が、時間の経過を表わしている。最初に、深い陰影のなかで横たわるエットレの顔が浮かび上がると、カメラがおもむろに後ろに引いていって、短縮法で全身をとらえる。このとき床には長い影が投影されている（図17）。すると今度は、エットレの上半身が明るく照らしだされたかと

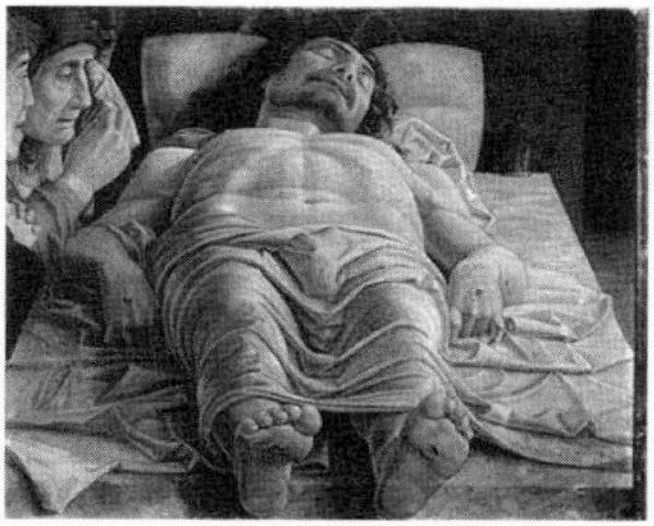

図16　マンテーニャ《死せるキリスト》

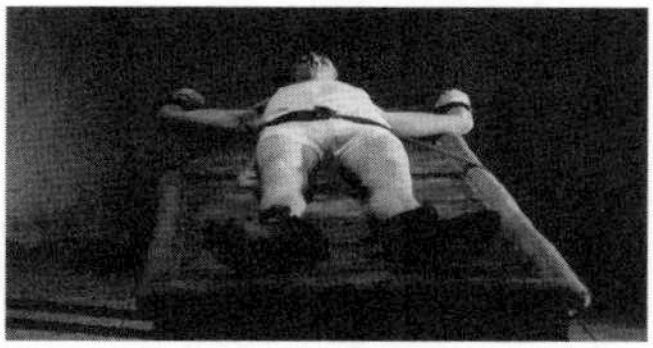

図17　パゾリーニ『マンマ・ローマ』より

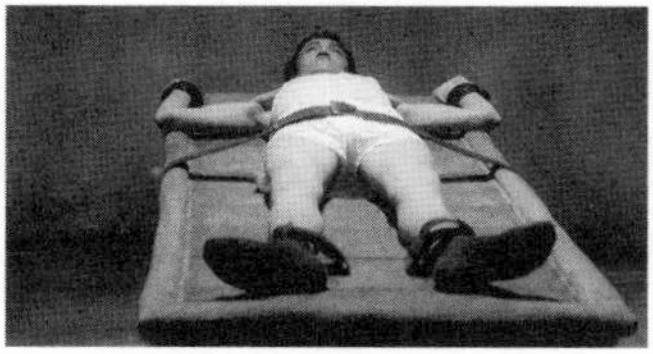

図18　パゾリーニ『マンマ・ローマ』より

思うと、前と同じくカメラが後方に引いて、光に照らされたその姿を映しだす(図18)。この影と光、暗と明の巧みな対比が、さらにもういちど繰り返される仕掛けになっているのである。

このシークエンスに生かされているのは、おそらくカラヴァッジョの教訓である。パゾリーニは後に「カラヴァッジョの光」(一九七四年)という濃密なエッセーを書くことになるが、それはいみじくも、「わたしがカラヴァッジョについて知っていることは、すべてロンギが言っていたことである」というストレートな一文からはじまる(Pasolini 1999a: 2672-2674)。ここでパゾリーニの念頭にあるのは、おそらく、ロンギが一九五二年に上梓しその後も幾版も重ねてきたモノグラフ『カラヴァッジョ』であろうが、もちろんそれまでにもロンギは、この画家に関連してすでに多くの論考を発表していた。

そのエッセーでパゾリーニは、ロンギの見解を自分の言葉で要約するようにして、カラヴァッジョのもたらした新しさを三つ挙げている。すなわち、それまでの宗教画には登場しなかったような野卑なまでの人物像、ルネサンスの偏在する光に代わる日常の劇的な光の表現、そしてパゾリーニ自身が「絞り diaframma」と呼ぶ、描かれる対象を別の人工的な世界——「結晶化した壮大な機械」——へと移し替える手法である。このバロックの画家は、ローマの下層民や娼婦たちをモデルに世俗の場へ置き換えて——絞りをかけて——聖なる主題を描いていて、ローマ教会からにらまれていたのだが、それはいみじくもパゾリーニが映画でやろうとすることを先取りするものだ。

ところで、『アッカトーネ』にせよ『マンマ・ローマ』にせよ、さらにはイエスの受難を描く『奇跡の丘』(一九六四年、原題は『マタイによる福音書』)はもちろん、主人公の「死」がきわめて重要な要素となっているが、カラヴァッジョもまた、死のテーマに取り憑かれた画家であった。イエスや洗礼者ヨハネ、そして聖母マリアの死はもとより、ダヴィデやユディットに首を斬られる悪漢にすら、画家はしばしば自分を重ねていたのである。一九六七年のエッセー「シークエンス・ショットについての所見」でパゾリーニは次のように述べている。「死は、われわれの生の電光のようなモンタージュを貫徹させる」、「ただ死のおかげで、われわれの生は表現にかなうものになるのだ」と(Pasolini 1999a: 1560-1561)。このセリフは、犯人不明の襲撃を受けた最晩年のカラヴァッジョの口から発せられたようにも聞こえなくはない。死からすべての意味が生まれる、その原型は、もちろん言うまでもなくイエス・キリスト(の磔)である。

一方、つづく『奇跡の丘』では、ピエロ・デッラ・フランチェスカのフレスコ画から抜け出たかのような映像がちりばめられるが(拙著[岡田 二〇一七]を参照)、このルネサンスを代表する画家もまた、ロベルト・ロンギのペンの力によって二十世紀によみがえった巨匠のひとりである。パゾリーニはそのことに自覚的で、たとえば詩集『わが時代の信仰』(一九六一年)には、「証言すること、愛すること、稼ぐこと」に取り憑かれた貧しいローマ時代の自分を振り返る次のような一節がある。

〔……〕
ぼくには、しかし、数々の図書館、
美術館、あらゆる学習の道具がある。
情熱＝受苦のもとに生まれたぼくの魂のうちにすでにある
サン・フランチェスコ聖堂、輝く
複製のなかの、そしてサンセポルクロのフレスコ画、
モンテルキのフレスコ画、どれもピエロ
ほぼ理想的な所有のシンボル
師たちの愛の対象だとすれば、
ロンギかコンティーニ、特権
無邪気な生徒の
〔……〕(Pasolini 2010: 24)

サンセポルクロのフレスコ画とは《キリストの復活》、モンテルキのフレスコ画とは《出産の聖母》のこと、つまり、誕生と死と再生のテーマなのだ。ここでもロンギが「師」として登場するが、もうひとりの「師」ジャンフランコ・コンティーニもまた、ダンテ研究などで知られる、ロンギの盟友の文芸批評家である。貧しい青年は、イタリアの美術や文学についてロンギやコン

ティーニから受けた薫陶のなかに、真の「豊かさ」を見いだしているのである。

パスティーシュのなかの古代ギリシア――『王女メディア』

一方、ギリシア悲劇を題材にした『アポロンの地獄』（一九六七年、原題は『オイディプス王』）や『王女メディア』（一九六九年）には、それとわかるような過去の名画への参照は影をひそめるが、たとえば後者において、メディア（マリア・カラス）が祭事によって治める未開の国コルキスは、トルコの遺跡カッパドキアがロケ地に選ばれていて、しばしば洞窟の礼拝堂のなかに描かれたキリストやマリアや聖人たちの壁画がスクリーンに映り込むのだが、パゾリーニはそんなことにはまったくお構いなし、といった様子である。

図19　パゾリーニ『王女メディア』より

また、イアーソン（ジュゼッペ・ジェンティーレ）とともにたどり着いた文明の都市コリントスの町は、斜塔で名高いピサのゴシック大聖堂の広場と、シリアの古代都市アレッポの城壁とを巧みなモンタージュでつなぐことによって再現されている。そこでは、ゴシック様式のキリスト教彫刻や古代オリエントの浮彫、さらにはクレオン（マッシモ・ジロッティ）の玉座を飾るアフリカ風彫刻までもが画面に踊る（図19）。このように、時間や空間はもちろん、神話や宗教さえも異なるさまざまな要素を混在させるハイブリッドな映像は(このことは、アフリカからチベットや日本にまでおよぶ音楽にも当てはまる)、多かれ少なかれパゾリーニ映画の大きな特徴のひとつで、まったく異なる伝統が、対立しあうのではなく融和しあう、あるいはどこかでつながっているという印象を生みだしているといえるだろう(Fusillo 2007)。そのなかで、メディアとイアーソン、コルキスとコリントスとの対比は、アルカイックな呪術的世界の伝統と主権的権力の文明との衝突という意味を担わされている。もちろん、パゾリーニの共感は前者に注がれている。映画の序盤、五穀豊穣を祈る祭儀が無言のまま延々と想像的に再現される十五分間もの「人類学的」なシークエンスが、なによりそのことを物語っている。

一方、オムニバス作品『ロゴパク』(一九六三年)の一篇『ラ・リコッタ』では、ポントルモとロッソ・フィオレンティーノの複雑な構図のマニエリスム絵画が、同じくオムニバス短篇『雲とは何か?』(一九六七年)ではメタ絵画としてのベラスケスの《ラス・メニーナス》が全篇を貫く重要なインスピレーション源になっている(拙著[岡田 二〇一五]を参照)。後者では、もちろん出版されたばかりのミシェル・フーコーの『言葉と物』(一九六六年)の有名な作品分析がひとつのきっかけになっているが、前者では、ロンギのマニエリスム論とともに、その弟子ジュリアーノ・ブリガンティが一九六一年に上梓した『マニエラ・イタリアーナ』(Briganti 1961)が参照されている。実際に、この本が参考書のようにして撮影現場に置かれているスチール写真も残っている。つづいて、「生の三部作」と総称される『デカメロン』(一九七一年)と『カンタベリー物語』（一九七二年）と『アラビアンナイト』（一九七四年）においても、ジョットやヒエロニムス・ボッスやピーテル・ブリューゲルらの名画、ベンヴェヌート・チェッリーニの彫刻などに触発された場面の数々がスクリーンを彩ることになる。

美的前衛に抗して——『ソドムの市』

こうしたパゾリーニの反前衛的とも形容しうる身振りがいっそう際立つのが、意外に思われるかもしれないが、遺作となった『ソドムの市』（一九七五年、原題は『サロ、あるいはソドムの百二十日』）である。マルキ・ド・サドの原作の舞台を、一九四三年にファシストの残党が北イタリアのサロに建設したナチス傀儡政権下に置き換え、四人の権力者——政治と宗教、経済と社会を象徴する——が、少年・少女たちを相手に繰り広げる性的でスカトロジー的な残虐の数々を描いたこの作品は、ロラン・バルトも批判するように、サディズムをあまりに直截にファシズムに結びつけたという憾みがないとはいえない（実際、目を覆いたくなるような場面は少なくない）。

図20　パゾリーニ『ソドムの市』より

その一方で、旧知のモラヴィアは、非難のただなかにあるパゾリーニを擁護して、監督本人が感情的に残酷さに加担しているようなハリ

図21　マン・レイ《サド侯爵の想像的肖像》

ウッド映画、たとえば『悪魔のいけにえ』（一九七四年）や『鮮血の美学』（一九七二年）などにくらべたら決してサディスティックではない、と診断することになる。ファシズムとサディズムの結びつきは、ある特定の歴史的次元というよりも、普遍的で形而上学的な次元に属するというのである（Moravia 2010: 1040）。パゾリーニ自身が、『海賊評論』（一九七五年）で主張するように、後期資本主義の消費社会そのものがいわば現在のファシズムに相当するとするなら、その寓意として映画を読むことも可能だろう。

とはいえ、わたしがここでとりわけ注目しておきたいのは、その蛮行の舞台となる屋敷とインテリア、そして各部屋の壁を飾る数々の絵画である。美術監督としてクレジットされているのは、『王女メディア』でもタッグを組んだダンテ・フェレッティで、パゾリーニとの息はここでもぴったり合っているように見える。

まず、ファシストの屋敷に使われているのは、ボローニャ郊外のヴィッラ・アルディーニで（Balbi 2012: 90）、十九世紀の初めに、皇帝ナポレオンの全権大使となった貴族の政治家によって建てられた新古典主義様式の邸館である。つまり、権力を象徴する建物が最初から選ばれているのである。映画の序盤、北イタリア各地から選別され連行されてきたそれぞれ九人ずつの美少年と美少女を眼下にして、権力者が建築正面から演説を打つシーンがあるが、そのとき観客に、ギリシア神殿風のティンパヌムをいただく建物の正面が示される（図20）。パゾリーニにとって、古典主義的様式は権力の象徴にほかならない。こうして、アガンベンの用語を借りるなら、いわば「例外状態」が布告されるなか、「ホモ・サケル」たちに向けられるサディスティックな権力の行使が描かれていくことになるのである。ちなみにパゾリーニは、写真家で画家でもあるマン・レイの作品《サド侯爵の想像的肖像》（一九三八年、ヒューストン、メニル・コレクション美術館、図21）のことは知っていたようで、そこでは、バスティーユ牢獄を見つめるサド自身もまた、ひとつの建造物のように描かれている。監督はこれを映画のポスターに使うことを望んだらしいが、実現はしなかった（Schwartz 2017: 611）。とはいえ、着想源のひとつに、このマン・レイ作品があったと考えることはできよう。

モダニズムと消費社会

一方、映画の大半を占める屋内の場面は、マントヴァ周辺の複数のヴィッラで撮られたものが編集されていて、各部屋には周到に計算されたインテリアが設えられている。シャンデリア、壁灯、鏡、タピスリー、家具類はいずれもアール・ヌーヴォーやアール・デコの様式で、ファシズム期に流行ったメロドラマ映画のジャンル、いわゆる「白い電話」のセットを連想させるところもある（石田 二〇〇〇）。とりわけアール・デコ様式は、一九二五年のパリ万博（現代装飾・産

図22　パゾリーニ『ソドムの市』より

業美術国際博覧会）を契機に、二つの大戦間に欧米で広まった装飾スタイルで、大量生産と消費社会の時代の到来を告げるものでもある。それゆえ、映画でその様式の家具類が選ばれているのは、あきらかに計算のうえのことである。たとえば、経験豊かな娼婦たちがそれぞれ性の武勇談を披露する場面で、向かい合う二枚のアール・デコ調の鏡によって無限の入れ子のイメージが現われるとき、わたしたち観客は、倒錯的な美しさに思わず息を呑まずにいられない（図22）。

さらにここで強調しておきたいのは、映画のラスト、中庭で直視に堪えない拷問の数々が繰り広げられる光景――それは現在のわたしたちには、米軍によるアブグレイブ刑務所の捕虜虐待を想起させないではいない――を、あろうことか屋内から双眼鏡で覗いている権力者たちが座る椅子の存在である。正面と背後と真横からのショットでさりげなく映されるのだが（図23）、それが、名高い建築家でデザイナーのチャールズ・レニー・マッキントッシュが一八九七年に発表した《アーガイルチェア》（図24）であることは、ほぼ間違いない。近代的デザインのいわばひとつの出発点を画するマッキントッシュの椅子が、ファシズム的権力を象徴する玉座に姿を変えているのである。政治であれ宗教であれ、椅子（玉座）はつねに権力のシンボルとなってきた。もちろん、深読みは禁物かもしれないが、貧しい農民や職人のアルカイックな世界に郷愁を抱くパゾリーニが、消費社会の幕開けを告げる近代的デザインに「ファシズム」を重ね、さらに、美術監督のダンテ・フェレッティがその着想に臨機応変に応えて具体的なかたちを与えた、という可能性は十分に考えられるだろう。

さらに特筆すべきは、卑猥な集いが連日連夜催される大広間や、権力者たちの居間の壁にところ狭しとばかりに飾られている絵画の数々である（図25）。それらのほとんどすべては、あきらかにキュビズム的で未来派的な作品――ジーノ・セヴェリーニ、ジャコモ・バッラ（《形・叫び・

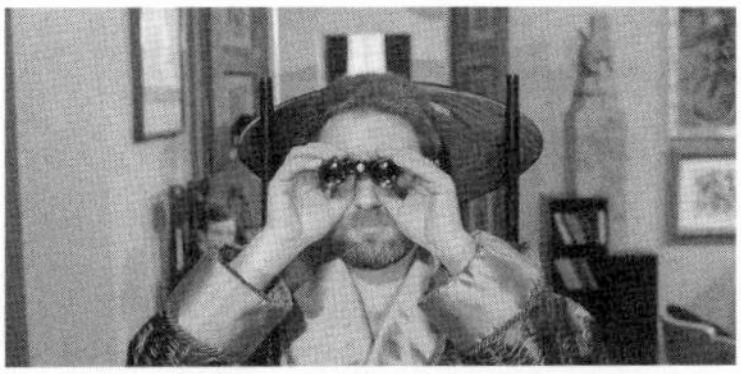
図23　パゾリーニ『ソドムの市』より

図24　マッキントッシュ《アーガイルチェア》

図25　パゾリーニ『ソドムの市』より

図26　ジャコモ・バッラ《形・叫び・イタリア万歳》

図27　パゾリーニ『ソドムの市』より

イタリア万歳》一九一五年、ローマ、国立近代美術館、図26)、ウンベルト・ボッチョーニなど——を連想させないではいないタブローなのである。その土管のような形状から、通称で「チュビズム」とも呼ばれてきたフェルナン・レジェ風の壁画に覆われた部屋もある(図27)。

実際、現代美術を「退廃芸術」として一方的に断罪するヒトラーのナチズムとは異なって、ムッソリーニのファシズムは、モダンアートを巧みにその文化政策の内に取り込んできたという経緯がある(詳細は拙著『もうひとつのルネサンス』のなかの最終章「ムッソリーニの芸術指南」[岡田　一九九四]に委ねたい)。とりわけ未来派は代表格で、その創始者フィリッポ・トンマーゾ・マリネッティがファシスト党員でもあったことは、よく知られている。若き日のムッソリーニとその愛人イーダとの複雑な関係を描いたマルコ・ベロッキオの近作『愛の勝利を』(二〇〇九年)で、未来派の展覧会を見学に来たムッソリーニが気勢を上げるという場面を記憶している映画ファンもいることだろう。

『ソドムの市』において、作者の固有名が特定できない未来派風の抽象画に混じって、唯一画家の名前と作品タイトルのわかる具象画のタブローがある（図28）。マリオ・シローニの《自転車に乗る人》（一九一六年、ローマ、個人蔵、図29）である。テーマそのものは、運動やスピード感とも連動する未来派的なものなのだが、その様式は、やや重々しい形態を軽いデフォルメによって厚いマチエールで表現するものである。事実この画家は、未来派の理念にむしろ背を向けて、ジョルジョ・デ・キリコの「形而上絵画」や「秩序回帰」の動きに同調したモダニストで、ファシズム政権下に重用され、一九三〇年代に数々の公共建築において、時の権力を顕揚するような壁画やモザイク画を製作したことで知られる（その多くが今もミラノやローマに残されている。

図28　パゾリーニ『ソドムの市』より

図29　マリオ・シローニ《自転車に乗る人》

Braun 2000)。それゆえ、映画監督パゾリーニと美術監督フェレッティの選択は、きわめて意味深長で用意周到なものである。

もちろん、ここまで見てきたように、現代美術をめぐるパゾリーニの理解は、相手が、抽象表現主義やポップアートにせよ、キュビズムや未来派にせよ、あくまでも一面的で独断的なものに過ぎない、と非難することはたやすい。とはいえ、彼は、決して反動的なアンチ・モダニストなのではない。その意味で、あえて自家撞着的に「伝統のアヴァンギャルド」と呼ばれることもある（D'Elia 2005）。ボローニャの画家ジョルジョ・モランディやフィリッポ・デ・ピシス、そしてシチリアの画家レナート・グットゥーゾや、フリウリ出身で旧友でもあるジュゼッペ・ツィガイーナ、さらにおそらくは、『テオレマ』で重要な役割を果たしているイギリスの画家フランシス・ベーコンは、パゾリーニにとって、ジョットやマザッチョ、ピエロ・デッラ・フランチェスカやカラヴァッジョといった過去の巨匠たちとともに、なくてはならない存在だったにちがいない。若いころに画家を夢見て、絵や美術評論も少なからず残しているパゾリーニにとって、過去と現代の美術は、肯定するにせよ批判するにせよ、みずから提唱する映像の「詩学 poesia」の汲みつくせぬインスピレーション源になっていたのである。

Ⅳ　アントニオーニとイメージの迷宮

ズボンについた泥はねや床に落ちた煙草の灰など、普通なら見過ごしてしまうかもしれないようなごく些細な手掛かりから事件解決の糸口を見いだすという凄技をやってのけるのは、ご存じのようにシャーロック・ホームズである。一方、ミケランジェロ・アントニオーニの傑作『欲望』（一九六七年、原題は写真の引き伸ばしを意味する『ブロー・アップ』）に登場する主人公のカメラマン、トーマス（デヴィッド・ヘミングス）もまた、ホームズのひそみに倣おうとするのだが、はたして結果や如何。

「スウィンギング・ロンドン」の写真家

ロンドンの公園マーヨン・パークで、偶然にも、なにやらいわくありげな若い女（ヴァネッサ・レッドグレイヴ）と中年男のカップルを目撃したトーマスは、気づかれないようにこっそりと遠くから二人にカメラを向けるが、その気配を察した女が目の色を変えて追ってきて、執拗にフィルムの回収を迫ってくる。公共の場でプライヴァシーに干渉されたと感じているからである。たしかにそのとおり。ところが、自信家で傲慢でもある売れっ子の写真家は、まったく聞く耳をもたない。それどころか、自分に撮られたいと思っている人間はたくさんいる、などと強引な理屈を並べて居直って見せる。それでも女は、トーマスの手に噛みついてまでカメラをもぎ取ろうとするが、当然ながら男の力の方が勝っている。「見なかったことにして」、女はそう言い残してあわててその場を去っていく。だが、なおも飽きないトーマスは、彼女の後ろ姿にもカメラを向けている。

この間、トーマスが女を見下ろすアングルのショットが繰り返され、彼の横柄な顔と彼女の困惑した表情とが鋭いコントラストに置かれる。たしかに、写真家の行為はあきらかにプライヴァシーの侵害であるにもかかわらず、そのことをまったく意に介さないどころか、相手をもてあそんでいるようにさえ見えるトーマスに、わたしたち観客は戸惑いを覚えないではいられない。しかし同時に、彼女もまたなぜそこまで食い下がるのかという好奇心をそそられもする。不倫の現場をこっそりカメラに収められたからだろうか、だとすれば、なぜ公共の場で堂々と抱き合っているのだろうか、などと。こう言ってよければ、トーマスのみならず観客もまた、まるで彼女の仕掛けるハニートラップにはまってしまったかのようでもある。

実のところ、この映画は最初から、売れっ子のファッション写真家トーマスのワンマンぶりを畳みかけるように強調していく。ロールス・ロイスのオープンカーを乗り回し、車のなかから無線でスタッフに仕事の指示を与える。世界的人気のスーパー・モデル、ヴェルーシュカ（本人が登場）を一時間待たせても平気な顔で、ハービー・ハンコックのジャズがバックに流れるなか、一方的に命令して彼女にお好みのポーズをとらせ、次々とシャッターを切る（それはまるでニコンでレイプしているようにも見える）。つまるところ強い支配欲をもったこの気まぐれ男は、一九六〇年代の若者文化、いわゆる「スウィンギング・ロンドン」を体現する時代の寵児にはちがいないが、エゴイストにしてナルシシスト、セクシストにしてサディストでもあるのだ。これまでの作品――一九六一年の『夜』や六四年の『赤い砂漠』など――で、内面に埋めがたい空虚や不安を抱えている都会の人間模様を描いてきたアントニオーニは、本作『欲望』において、それとはかなり毛色が違う新しい人物像（しかもイタリア人ではなくてイギリス人）を創造することになる。そこには、当時一世を風靡したファッション写真家デヴィッド・ベイリーやジョン・コーワンのイメージの何がしかが投影されていることはよく知られている。それに加えてわたしは、ドイツの哲学者ヘルベルト・マルクーゼが一九六〇年代初めに提唱した「一次元的人間」――科学技術への信奉や消費主義と大衆文化の隆盛のなかで批判的思考を喪失した人間――という呼び名を、トーマスに当てはめてみたい誘惑にかられる。

公園で例の一悶着があった直後も主人公は、近くの骨董店に立ち寄って、ヘリコプターの大きなプロペラを衝動買いするという、贅沢な気まぐれぶりを発揮する。とはいえ、おそらく社会問題にまったく関心がないというわけでもないようで、簡易宿泊所（ドスハウス）に出入りする貧しい日雇い労働者たちの写真集を、友人の編集者ロンの協力のもとで計画してもいる（ウォーカー・エヴァンス調のそれらの写真や、本作で使われるすべての写真は、イギリスで活躍する報道写真家ドン・マッカランの手になる。Porcari 2013）。そのためにトーマスがホームレスを装って簡易宿泊所に一泊した翌朝、そこを出る場面と、学生たちによる慈善募金団体（いわゆる「ラグ」）の面々が白塗りの顔でにぎやかにロンドン市街を練り歩く場面とを交互につなぐシークエンスでこの映画は幕を開けていたのだった。とはいえもちろん、そんな宿泊所に彼が出入りするのも、写真家としての名声に飢えているからである。

女が仕掛けるハニートラップ

さて、公園からアトリエに戻ったトーマスを待っているのは、彼女――ジェーンと名乗る――である（ちなみにこのとき、パラシュートを着けたモデルのジル・ケニントンをジョン・コーワンが撮ったダイナミックな写真がアトリエの壁に飾られているのが、さりげなく映しだされる）。例のフィルムを強く要求してくるジェーンを尻目に、彼女を脱がせてモデルまがいのことをさせようとするトーマス。彼女は彼女で、体を張ってまでネガを手に入れたい気配。そこで、こっそりすり替えた別のフィルムを彼が手渡すと、彼女はそのことを知ってか知らずか、脱いだ自分のブラウスの上にそのフィルムを無造作に投げ置く。このときわたしたち観客の脳裏に、ほんの一瞬だけ、彼女は本当にネガを取り戻したいと思っているのかという疑念がよぎる。アントニオーニは彼女をハニートラップのようなものとして描いているのではないか、と。とはいえ、その後は何もなかったかのように、改めてフィルムをハンドバッグに入れ、偽の電話番号をトーマスに渡して、ジエーンはアトリエをあとにしていく（二人が肉体関係をもったかどうかはあえてぼかされる）。

彼女が去った直後、案の定、まるで罠にかかったかのようになったトーマスは、問題のフィルムを現像しはじめることになる。この時点ですでに、全篇一時間五十一分のうち半分以上が経過しているのだが、管見によれば、ここからが最大の見せ場となっていく。しかも観客は、映画と写真、そして絵画をも巻き込んだ、のっぴきならない表象の迷宮へと引き込まれることになるのである。

図１　アントニオーニ『欲望』より

最初の引き伸ばし——表象の迷宮へ

原題にもなっている写真の引き伸ばし「ブロー・アップ」の最初のシークエンス（およそ十一分間）は、次のようにはじまる。虫眼鏡でネガを覗きながら、そのなかから二枚だけを選びだして大きな感光紙に焼き付け、わざわざこれを壁に貼りつけてじっくりと観察するトーマス。その二枚は、広い公園の真ん中で戯れる例のカップルが小さく

図2　アントニオーニ『欲望』より

映り込んだだけの、一見して何の変哲もない写真である（図1）。だが、トーマスは、そこに隠れた何かが映り込んでいるのではないか、と疑っているようだ。女が執拗にネガを要求してきたのだから。そもそも「トーマス」という名は、福音書に登場する疑り深い使徒に由来するもので、目で見ただけではイエス・キリストの復活を信じることができず、主の脇腹の傷に触れてはじめて納得したと伝えられる人物である。映画にこのことが含意されているかどうかは別にして、その名前はとりもなおさず、疑り深い人間の代名詞なのだ。

ところで、トーマスが撮ったその写真を、わたしたちも別の観点からよく眺めてみる必要がある。ここで、先の公園での盗撮の場面にもういちど戻ろう。アントニオーニ――撮影監督は『赤い砂漠』や『ある女の存在証明』（一九八二年）などでも協働したカルロ・ディ・パルマ――のカメラは、基本的に、被写体にカメラを向ける窃視者のようなトーマスをさまざまな距離と角度から狙っている。ただ何度か、トーマスの後ろ側に回り込むこともあれば（図2）、被写体のカップルのみをフレームに収めることもある。後者の場合、それらのショットは、トーマスがファインダーから覗いている光景と重なっていると考えられる。実際にも、現像された二枚の写真とほぼ同じ映像が、公園での盗撮の場面にも見られる。つまり、これら最初の二枚に関しては、写真の視点と映画の視点とがほぼ重なり合っている、ということである。ほぼ全篇は三人称の視点で撮られているのだが、物語の当事者である一人称の視点と重なることもある。その場面が、ほかでもなくトーマスが最初に選んで焼き付けた二枚の写真なのである。

さて、もういちど現像と引き伸ばしのシークエンスに戻ろう。ここでもカメラはトーマスの一人称の視点をとって、パンで左右に往復しながら二枚の写真に近づいていく。すると、映り込ん

図3　アントニオーニ『欲望』より

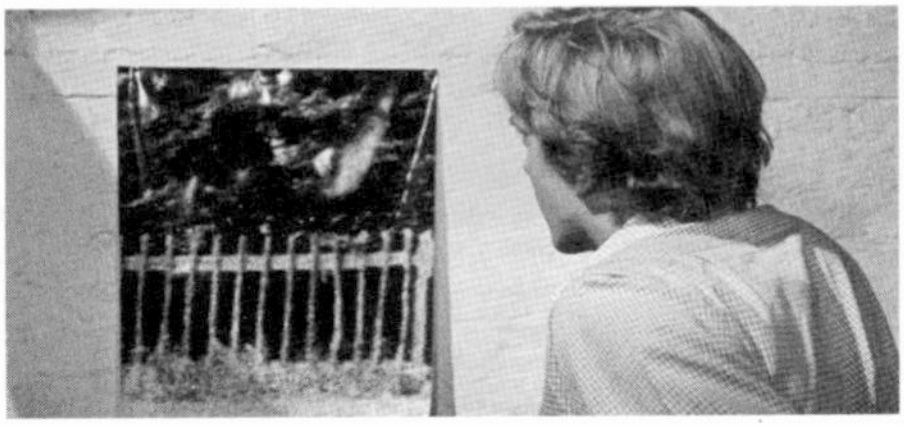

図4　アントニオーニ『欲望』より

図5　アントニオーニ『欲望』より

だ彼女の視線がとりわけ気になった彼は、その部分の拡大写真を焼いて三枚目として横に並べる。そこに浮かび上がるのは、男に抱かれながら、驚いたように振り向く表情の女の顔（図3）。彼女のまなざしは、写真を論じるロラン・バルトの名高い概念を借りるなら、トーマスの目に突き刺さるもの――「プンクトゥム」――として機能している。右方向のその視線の先にはいったい何があるのか。見るだけでなく写真に触れもする無言のトーマスの指先がそう問いかけている。すると今度は、虫眼鏡でそのあたりを観察しはじめるが、突然何かに気づいたのか、女の視線の先にあるもっと細かな部分を四角くトリミングして引き伸ばして、四枚目として壁に並べていく。だが、そこに見えるのは、垣根の向こうのぼんやりとした草むらの影のような映像でしかない（図4）。このときアントニオーニのカメラは、三枚目の写真のなかの彼女の視線を追うようにして右に動いて四枚目をとらえ（図5）、さらに逆方向にパンして三枚目に戻ると、もういちど右に首を振って四枚目をクロースアップする。この右→左→右という三度のカメラの軽い首振りは、写真を見ているトーマスの視線に対応しているのだが、まるで映画のカメラがひとりでに動いて、写真のなかに隠れている秘密を捜しだそうとしているようにも見える。ちょうど、ジガ・ヴェルトフの名高いドキュメンタリー、『カメラをもった男』（一九二九年）のなかで、しばしば人の手を介することなくカメラが単独で回っていたように。そもそもこの『欲望』に限らず、アントニオーニのカメラは、何かを知っていてそれを観客に伝えるというよりも、たいてい何かを捜し求めるように動いていることの方が多い。なにより『情事』（一九六〇年）がそのよい例である。

さながら「フォトロマン」

だが、これだけでは終わらない。現像室でトーマスは今度、女と男の仕草や表情が読み取れるような写真の部分だけを選んで拡大し、さらに加えて四枚を壁に貼っていく。そこからどんなストーリーが紡ぎだされてくるのだろうか。ここで観客は、はじめてトーマスに感情移入していくように思われる。それまでは、自信満々で強引で横柄で移り気な主人公から少し距離をとりながら映画を見ていたわたしたちは、ここにきてまんまとジェーンの仕掛けた「罠」と、それを操っている監督の策略にはまってしまい、謎解きまがいに加担させられることになるのである。

トーマス――そしてわたしたち――がいちばん気になるのは、もちろん、女の視線の先にある茂みを拡大した四枚目の写真である。改めてそれを注視する彼は、今度はその真ん中の部分だけをさらに引き伸ばして横に並べて貼りつける。つづいて、フレームいっぱいにとらえられた何枚かの写真の全体や部分が次々とモンタージュされていくと（十五カット）、どこからともなく風の音が聞こえはじめてくる。その音源は画面には見えないうえに、もちろん、モダンなアトリエ内に外気が入ってくるはずもないから、ミシェル・シオンの言い方を借りるなら、それは、「フレーム外の音」であると同時に物語世界外の音――「オフの音」――でもある。

だが、勘のいい観客なら、すでにどこかでその音を聞いたことがあると気づくかもしれない。事実、主人公が公園で盗撮をしていたときにも、枝葉を揺らす同じ風の音――このときには音源が示され物語世界にも関与している——が静かに響いていたのである。それどころかトーマスはこのとき、あたかもその風の音に誘われるかのようにして公園に足を踏み入れ、謎のカップルに遭遇したのだった。とするなら、アトリエの写真の上から覆いかぶさるこの「オフの音」は、単にそれだけではなくて、「インの音」をも喚起させていることになるだろう。二つの音は必ずしも対立しあうわけではないのだ。

図6　アントニオーニ『欲望』より

図7　アントニオーニ『欲望』より

図8　マルケル『ラ・ジュテ』より

こうして、清々しいはずのものが今や不気味にすら響くこの効果音をバックに、トーマスの撮った写真の全体と細部の短いカットが次々とつながれていくのだが、そのなかには、茂みに紛れた人の顔らしき白い斑点や、ピストルの銃口のようなものもある（図6）。さらに、怪訝そうに右手を口元に当てた女の上半身のアップは（図7）、わたしには、クリス・マルケルの短篇フォトロマン『ラ・ジュテ』（一九六二年）のワンショット（図8）にどこか似ているように見える（もちろん前者は、繰り返された拡大のためにかなりぼやけている）。写真のモンタージュだけで黙示録的なストーリーが語られていく『ラ・ジュテ』において、第三次世界大戦後のパリで捕虜となった主人公の男は、平和な少年時代に飛行場の見送りデッキで見たというその女のまなざしにずっと取り憑かれてきたのだが、トーマスもまた、「プンクトゥム」としての女のまなざしに突き刺されているのである。アントニオーニがマルケルのフォトロマンをどこまで意識していたかはわからないが、写真の組合せによって、未知の物語が紡がれるという点で、両者にはどこか共通するところがあるように思われる。

あるいはことによると、監督アントニオーニの念頭には、一九五〇年代にイタリアで大衆的な人気を博していた「フォトコミック」——写真と吹き出しからなる漫画——のことがあったかもしれない。このジャンルの娯楽については、先にフェリーニの『白い酋長』のところでも触れたが、この映画の原案は実はアントニオーニに基づくものであった。

また、これより前にも彼は『愛の嘘 L'amorosa menzogna』（一九四九年）という興味深い短篇

図9　アントニオーニ『愛の嘘』より

ドキュメンタリー（十分）を撮っているのだが、そこでは、戦後イタリアで大流行した「フォトコミック」――「ポケットに入る映画 cinema tascabile」とも呼ばれている――の製作風景（図9）や大衆的人気ぶり、そして役者たちの日常が、親しみやすいユーモアやアイロニーとともに描かれている。「なんとも微笑ましい。が、登場人物たちのことを笑わないでおこう。いつの時代にも英雄がいる。われわれの時代の英雄は漫画のなかにいる」、ナレーションが最後にそう告げている。アントニオーニにとって映画とは、「フォトコミック」がそうであるように、そもそも虚構の産物にほかならないのだ。

第二の引き伸ばし

さて、『欲望』に戻るなら、いずれにしても、これら静止した白黒写真のショットもまた、細部を探ろうとする主人公の視点と一致していると考えられる。いったい公園で何が起こっていたのか、写真家も観客も気づかないあいだに。それを聞き出すために女が残していった嘘の番号に電話しても無駄である。いみじくもかのホームズは、解決の決め手となる重要な糸口を、見過ごされがちな細部からつかむことができたのだが、はたして、トーマスもまたそれに成功するのだろうか。とはいえ、友人のロンへの電話から察するに、この時点で彼はまだ、「殺人を阻止した」と考えているようだ。たしかに、彼が盗撮していたときに、銃声のような音が聞こえることはなかった。

するとそこに、以前に追い返したことのある二人の若いモデルの卵——そのひとりをデビュー当時のジェーン・バーキンが体当たりで演じている——が突然訪ねてきて、強引で自儘なトーマスのひとときの性の遊戯に付き合わされることになる。売れっ子ファッション・カメラマンの言動は、これまでと同様、あくまでも身勝手で一貫性を欠いているのである。と同時に監督アントニオーニもまた、観客がミステリーにのめり込みそうになる直前で、こうしてタイミングよくあえて突き放してしまう。主人公のカメラマンによる窃視、そして殺人の疑惑、これらの筋書で『欲望』はヒッチコックの名作『裏窓』(一九五四年)とどこか似ているのだが、ミステリーとその解決へと有無をいわせず観客をひきずり込むハリウッドの文法を、イタリアの監督は徹底的に脱構築してみせる。さて、その乱痴気騒ぎが一段落すると、女たちから服を着せてもらいながらトーマスは、やはり件の写真のことが気にかかるらしく、改めてそれを観察しはじめる。モデルにしてもらえると期待している娘たちを、「明日来い」と無理やり追い返しておいて。

こうして二度目の引き伸ばしの場面(四分余り)が幕を開ける。今度は、一枚目の写真に強い照明を当てて、疑わしい細部を改めて写真に撮ると(図10)、そこに何やら横たわる死体の上半身らしきものがぼんやりと写っている。だがそれ——複製の複製——は、もはや単なる染みのようにしか見えなくもない（図11）。物事を見極めるには、むしろ、対象から一定の距離をとる必要があり、それこそがルネサンスの遠近法の教えでもあったのだが、トーマスは、この西洋の規範的な視覚にあえて挑戦しようとする。ルネ・マグリットが《完璧なイメージ》（一九二八年、個人蔵、図12）でいみじくも描いているように、そこに見えてくるのが、たとえ闇か無であるとしても（Stoichita 2015: 175）。

事実を確かめるために、夜も更けたなか、自慢の車を走らせて現場の公園に急行すると、期待どおり、写真と同じ場所に男の死体が横たわっている（だが、うかつにもこのときトーマスはカメ

図10　アントニオーニ『欲望』より

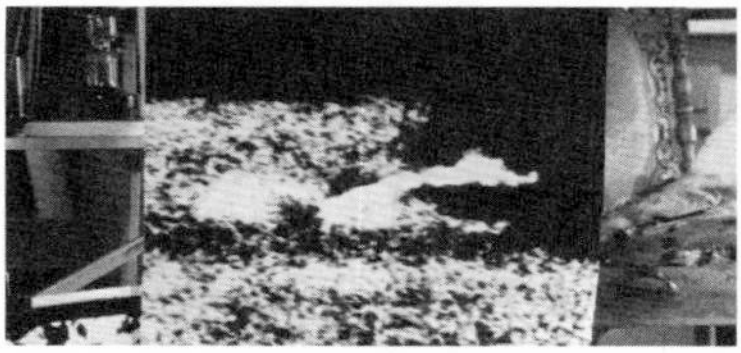
図11　アントニオーニ『欲望』より

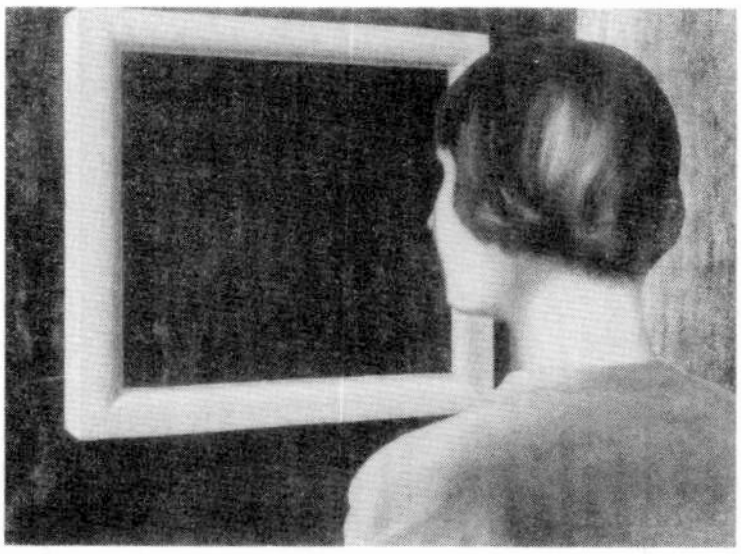
図12　マグリット《完璧なイメージ》

図13　アントニオーニ『欲望』より

ラを持参していない)。するとトーマスは、ほんの一瞬だけ恐る恐るその体に触れてみる。かつて、同名の使徒がイエスの脇腹の傷口に触れたように。おそらくその正体は、ジェーンと逢引きしていた中年の男なのだが、奇妙なことにも、まるでテカテカの蠟人形が月光に映えているようにも見える(図13)。このときも同じように、不気味な風のさざめきが聞こえている。

写真の染み、絵画の染み

半信半疑のままアトリエに戻ったトーマスが次に向かうのは、友人の画家ビル(ジョン・キャッスル)のアトリエ。が、その画家は、妻パトリシア(サラ・マイルズ)との夜の営みの真っ最中で、トーマスの気配を察した彼女はそっと微笑んで目配せする(実はビルよりトーマスを愛しているようだ)。このときカメラはゆっくりと動きながら、アトリエの床一面を染めるさまざまな色の絵具の斑点をフレームいっぱいにとらえる(図14)。まるでオールオーヴァーな抽象絵画のタブローを映しているかのように。

ここにおいてこの映画は、写真をあいだにはさんで、絵画ともまた接点をもつことになるのだが、伏線はすでに本作の序盤――問題の公園でトーマスが盗撮するよりも前――にしっかりと張られていたことを、忘れずに付言しておかなければならない。人気モデルのヴェルーシュカたちの撮影

図14 アントニオーニ『欲望』より

を終えたトーマスが、息抜きに近所のビルのもとを訪ねると、この友人の画家は、自分の描いた絵を前にして、みずからの創作理念を写真家に話して聞かせるのである。六歳の幼児が描いたようだと自認するその絵は、最初は「乱雑 mess」だが、徐々に形が見えてきて、たとえば「脚」のようなものが姿を現わすのだと、絵の細部を指さしながら説明する（図15）。そして、それはまるで「探偵小説」のようなものだとも付け加える。トーマスは、柄にもなく黙って神妙に、友人の画家のこの講釈に耳を傾けている。そればかりか、絵を売ってくれと頼むのだが、画家からはすげなくも断られてしまう。ちなみに、ここで使われているのは、床の染みも含めて、イギリスの画家のイアン・ステファンソンが描いたもので、ポスト印象主義にさかのぼる点描と、キュビズム的な対象の分割とを合体させたような様式に特徴がある。

図15　アントニオーニ『欲望』より

わたしがこの序盤のシークエンスにとりわけ惹かれるのは、抽象絵画をめぐって、前の章で取り上げたパゾリーニの『テオレマ』とほとんど対照的ともいえる立ち位置をアントニオーニが打ち出しているからである。たしかにこの監督はこれまでにも、『情事』、『太陽はひとりぼっち』（一九六二年）、『赤い砂漠』などのさまざまなショットにおいて、アンフォルメルや抽象表現主義の絵画への共感を表明していたのである。つづく『砂丘』（一九七〇年）では、ジャクソン・ポロックのドリッピングの手法を連想させないではいない映像で、消費社会の商品の数々が炸裂する忘れがたいシークエンスを創造する。しかも、みずから絵筆をとって、アンフォルメル調のタブローを幾つも残している（絵画作品だけの個展も開かれている）。とはいえ、これらの映画については詳しく論じたことがあるので（岡田 二〇一五）、そちらに委ねることにしたい。

さらに興味深いのは、ビルの披露する絵画論が、バルザックの名高い小説『知られざる傑作』（一八三一年）を踏まえて転倒させているという点である。この小説の老画家フレンホーフェルは、抽象画家のビルとは違って、あくまでも女性の肖像画に長年のあいだ打ち込んでいるのだが、いざ完成してみると、それはさまざまな色彩の洪水で、そこからかろうじて「かぐわしい足」だけが見えていたのだった。出発点は異なるものの、いずれにしても、不定形の染みのようなもののあいだから、何らかの形象が浮かび上がってくる点では、『欲望』の画家と『知られざる傑作』の画家とはどこかでつながっている。かつてレオナルド・ダ・ヴィンチは、壁についた染みをじっくり観察して、そこから具体的なイメージを膨らませることを画家たちに推奨していた。英語で「チャンス・イメージ」と呼ばれてきたこの種の手法は、具象と抽象とを橋渡ししてきたという美術史の長い伝統がある。

そもそも映像であれ絵画であれ、表象作用において、具象と抽象のあいだに絶対的な境界線が引けるわけではない。リンゴの絵や写真は、程度の差こそあれ、多かれ少なかれ現実のリンゴを抽象化したものにほかならない。ジョルジョ・モランディの箴言「目に見えているものほど抽象

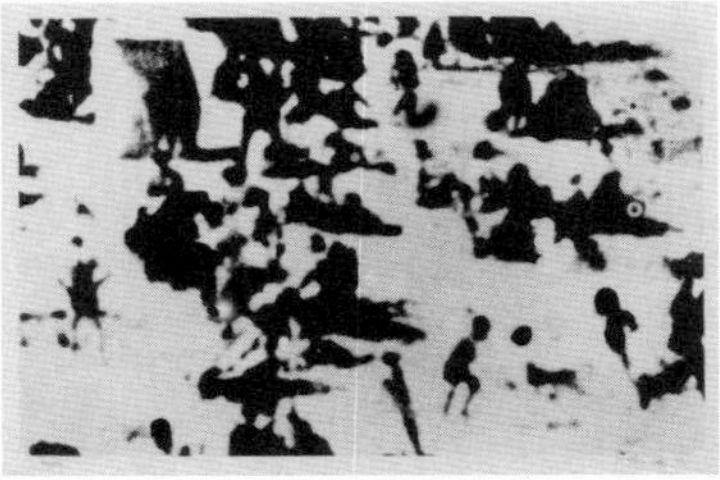

図16　リチャード・ハミルトン《ピープル》

的なものは何もない」は、その意味において理解されるだろう。さらに、いかに写実的な絵であっても、トーマスが写真でしたように、細部を極度に拡大してみれば、絵具もしくは銀塩の粒子しか見えてこないだろう。コンピュータによる名画の高精細デジタル画像化が今日盛んにおこなわれるようになったが、突き詰めればこれもまた抽象的なピクセルの集まりに過ぎない。それをまるで先取りするかのように、漫画の一コマを大画面に引き伸ばしてドットで描いたのが、一九六〇年代のロイ・リキテンスタインのポップアート作品であった。

イギリスのポップアートの草分け、リチャード・ハミルトンは、『欲望』とほぼ同じころ、絵葉書の写真の細部を引き伸ばしてそれに加筆を施した作品《ピープル》（一九六八年、ロンドン、テート・ギャラリー）を発表している。そこにはもともと、海岸線に集う海水浴客たちの姿が小さく写っていたのだが、ハミルトンの手にかかると、それはもはや染みか汚れのようにしか見えない（図16）。その作品は、度重なる引き伸ばしの末にトーマスが最後に行き着いたイメージともそれほど遠くない（Ferguson 1996: 157-158）。

さらに、一九六〇年代の後半になると、たとえばケン・ジェイコブスの『トム、トム、笛吹の子』（一九六九年、百十五分）のように、初期映画の短いファウンド・フッテージを、スロー&クイックモーションで再生したり、フォトグラム自体に手を加えたり、光の調子を変えたり、細部のみを強調したりして自在に再編集することで、同じ像を用いながらも異なる視覚体験を惹起させるような実験的作品が登場するが、アントニオーニが映像化したプロセスもまた、こうしたイメージと知覚との関係を問う作品の系譜のなかに組み込むことができるかもしれない（Censi 2013: 243-244）。

一方、一九六〇年代はまた、スタン・ブラッケージの映像作品に代表されるように、フィルムに直接彩色した抽象映画が盛んになるが、アントニオーニはどちらかというとこれには否定的であった。物語を放棄することで、観客を置き去りにしているから、というのがその理由である（アントニオーニ 一九九九：一二七）。たしかに、いかにアンフォルメルに共感を抱いているとはいえ、アントニオーニは物語るのを止めることはない。その意味では、あくまでも具体的な壺や瓶を目の前にして、空間と形態、光と色調を追求しようとしたモランディの芸術とどこか通じるところがある。『夜』（一九六一年）の主人公の作家ジョヴァンニ（マルチェッロ・マストロヤンニ）の書斎に、さりげなくモランディの静物画が飾られていたことを目に焼き付けている観客も、少なくないのではないか。

「無意識のうちに記録されたもの」

さて、映画『欲望』に戻るなら、トーマスが死体を見つけた夜の公園から自分のアトリエに帰ってみると、部屋中が荒らされていて、写真もネガもきれいになくなっている。誰かが盗みに入ったのだろうが、真相は語られないまま。幸か不幸か、隅に隠れた一枚の写真だけは盗難を免れている。先述した、最後に引き伸ばしたものである。そこにパトリシアが訪ねてきて、その写真を見て、「ビルの絵のよう」とつぶやく。トーマスは横たわる死体がそこに写り込んでいると信じている——そしてそのことを公園に確かめにいった——のだが、パトリシアの目には、ビルの描く抽象画さながら、混沌とした染みのようにしか見えないのである。

「視覚における無意識的なものは、写真によってはじめて知られる」と診断するのは、周知のように、「写真小史」（一九三一年）のヴァルター・ベンヤミンである。たとえば人が歩きだす瞬間の何分の一秒かの姿勢がそうであるように。写真には「無意識が織りこまれた空間が立ち現われる」、というわけである。そのベンヤミンよりもさらに百年近くも前に、先駆者のひとりウィリアム・ヘンリー・フォックス・トルボットもまた、世界最初の写真集『自然の鉛筆』（一八四四年）のなかで、いみじくもいち早く、「微小なディテールが数多く開示されること」を写真の魅力として語っていた。すなわち、「撮影時にはまったく頭になかった数多くの事物がそこに描き出されているの」が後になってはじめて発見され、しかもそれらはしばしば「無意識のうちに記録された」ものだ、というのである（トルボット　二〇一六：四七）。

どちらかというと、ベンヤミンのいう「無意識」がフロイト的なものであるのにたいして、トルボットのそれはカント的（非意志的）なものである、という違いはあるにしても、自分が撮った写真の、とりわけ細部のなかにトーマスが見ているのもまた、こうした「無意識的なもの」であろうか。しかも同じくベンヤミンによると、写真における細部の拡大は、「物質の表情というべき面を開示する」。たとえば植物写真の細部は、まるでゴシック建築の一部のようにも見える（ここで挙げられているのは新即物主義のカール・ブロスフェルトの写真）。写真は、通常の知覚では意識されることのない世界の肌理《きめ》を、視覚的でかつ触覚的に現出させるのである。

絵画の意外な細部

同じことは、たとえば絵画を撮った映像にもまた当てはまる。名画の細部の映像が、その絵の予期せぬ一面を垣間見させるのである。このことをおそらく確信犯的に実践していたのが、美術史家のロベルト・ロンギで、言葉と図版を巧みに操りながら、マザッチョやヴィンチェンツォ・フォッパ、カラヴァッジョらの作品の意外な細部に読者を誘う名人であった。その妙技は、ロンギが監修して、映画批評家でネオレアリズモの理論的支柱ウンベルト・バルバロが監督した伝説の短篇ドキュメンタリー『カルパッチョ』（一九四七年）のなかでいかんなく発揮されている（そのフィルムは長らく視聴困難になっていたが、幸いにも現在はYouTubeで見ることができる）。それは、このルネサンスのヴェネツィア画家の作品の実写映像と解説のナレーションからなる十五分弱のフィルムであるが、絵の全体が映されることはごく稀で、大半は観客の意表を突くような意外な細部のイメージで構成されているのである。

図17　バルバロ『カルパッチョ』より

図18　バルバロ『カルパッチョ』より

たとえば、「聖ウルスラ伝」の連作（一四九八年、ヴェネツィア、アカデミア美術館）のなかから、巨大なカンヴァス画《大使たちの到着》（三七八×五八九センチメートル）を選び、あえてその背景のごく小さな細部を拡大して、植物の一部とも、壁の汚れとも、あるいは階段を上る人物とも見分けがつかないような「小さな染み」をフレームいっぱいにとらえたり（図17）、《教皇との謁見》（二七九×三〇五センチメートル）の場面のなかから「ほとんどキュビズム的」に見える細部を強調したり（図18）、といった具合である。ルネサンスの絵のなかに印象派やキュビズムを連想させる細部を見るというアナクロニックなアプローチを、ロンギはあえて打ち出すのである。それは、たとえばベアト・アンジェリコのフレスコ画の忘れられた細部に、抽象表現主義の遠い先駆を読み取ることで、アナクロニーを美術史の方法論として積極的に実践しようとするジョルジュ・ディディ＝ユベルマンの言説よりも、はるかに先んじるものである。このフランスの美術史家が「面／垂れ pan」と呼び、構造に還元されえない「出来事」の徴候として読み解こうとするイメージの細部に、イタリアの美術史家はずっと早くから目を向けていたのである。

　絵画作品の細部を写真や映像によって拡大することで、新たなストーリー／ヒストリー――イタリア語の「ストーリア storia」には「歴史」と「物語」の両方の意味がある――を紡ぎだすことができる。美術史は、ある意味でこれを実践してきたのだが、それは、「史実」そのものであるというよりも、あくまでも事後的に構築されるものである。ちょうど、写真の引き伸ばしによってトーマスが再現しようとする「現実」が、あくまでも事後的なものであるのと同じように。

　もちろん、ロンギとバルバロがベンヤミンから影響を受けている、と考える必要はない。二人の名前は、日本ではマイナーかもしれないが、本国イタリアでは、前者は二十世紀を代表する美術史家にして名文家として、後者はまさしく「ネオレアリズモ」という語の生みの親として(Ferlita 2009)、一般にもよく知られている。ことによると、『欲望』を撮るアントニオーニの頭の片隅をこの二人の面影――バルバロは一九五九年に、ロンギは七〇年に他界する――がよぎったかもしれない、とわたしは密かに想像している。

「そこにはただ風が吹いているだけ」

　さて、映画もいよいよ大詰めである。夜の公園で、案の定――期待にたがわず――遺体に遭遇したトーマスは、友人のロンに伝えるため、彼のもとに急いで車を走らせる。すると、偶然にも夜の街でジェーンらしき女を目撃するが、目を離した一瞬のすきに彼女は姿をくらましてしまう。

それゆえ、観客には、夜陰に紛れた彼の錯覚だったようにも見える。自慢のロールス・ロイスを降りて、あたりを捜しに走ると、路地のライヴハウスに行き当たる。そこでは、人気ロックバンド、ヤードバーズがライヴの真っ最中で、大勢の観客が熱狂し陶酔している。興奮したギタリストのジェフ・ベック（本人）が自分のギターを壊しにかかり、そのネックを観客に向けて投げつけると、そこに多数が群がって激しい奪い合いになるが、最終的に手にしたのはトーマスである。ジェーンを捜しだすはずが、いつの間にかドタバタ劇風の大混乱に突入する。ここでも監督は、物語のミステリーからあえてわたしたちの注意を逸らせようとするのだ。と同時にこの場面もまた、「スウィンギング・ロンドン」の閃光を映しだす鏡でもある。

もとよりそんな戦利品にさしたる執着もない気まぐれな主人公は、急いでライヴハウスを出ると、繁華街の歩道にあっさりとそのギターのネックを放り投げ、ジェーンを捜すのをあきらめて、ロンのもとへ直行する。と、そこはドラッグ・パーティで盛り上がっている。そこにはモデルのヴェルーシュカもいて、トーマスが「パリにいるのかと思っていた」というと、「ここがパリよ」となんともちぐはぐな答えを返してくる。ロンはロンで、トーマスが「死体を見せたい。写真に撮りにいこう」と促しても、「俺は写真家ではない」といってかかわろうとはしない。二人とも、妄想に憑かれたかのような写真家を軽くからかっているようだ。ドラッグを勧められてもトーマスが無視するのは、公園の死体のことで頭がいっぱいだからである。「何を見たんだ」と改めて問い返してくるロンに、彼はやむなく「何もNothing」と応じる。だが、実のところこれこそが事の真相なのかもしれない。

　そのまま眠り込んだトーマスは、翌朝目を覚まして、その足でひとり公園へと向かう。上述したような公園やその拡大写真のシーンのときと同じく、否、むしろもっと強く風の音が響くなか、カメラはトーマスの足取りを前後の方向から追っている。そしてついに問題の現場に着いた瞬間、昨夜たしかに目撃したはずの遺体が消えていることに気づかされる。これでは、持参したカメラも無駄というもの。虚しく天を仰ぐと、枝葉がいっそう大きく揺れている。すべては風の仕業——わたしの世代には懐かしい一九六〇年代の日本のフォークソングの歌詞に借りるなら、「そこにはただ風が吹いているだけ」——なのだろうか。

　古代ギリシアには「プネウマ」という語があって、「風」や「気息」や「精気」などとも訳される。これが人間の体内に取り込まれることで、心身にさまざまな影響が生じると信じられていたのである。トーマスもまた、この「プネウマ」に毒されているのだろうか。もともと福音書によると、処女マリアを「妊娠させる《コンシーヴ》」張本人もまた、天の「プネウマ」——ラテン語では「聖霊《スピリトウス》」——にほかならない。ここまで強調してきたように、わたしは、この映画において「風」の音——「インの音」にして「オフの音」でもある——が果たす役割を看過しえないどころか、きわめて象徴的でさえあると考えているのだが、この「プネウマ」こそが、トーマスの内に何かを「思いつかせる《コンシーヴ》」のではないだろうか。

　この最後の場面でもまた、アントニオーニとディ・パルマのカメラは、空虚な公園の光景をロングショットで何度もとらえる。困惑したようなトーマスの表情のクロースアップがそれと交互に重なる。くどいようだが、このときも「プネウマ」の音は止むことなく響いている。

映画批評家のノエル・バーチによると、一般に、フレーム内が空虚で何も起こっていないように見えれば見えるほど、フレーム外で何かが起こっているのではないかという観客の想像力を膨らませる効果がある（Burch 1981: 17-31）。多くの作品が証言しているように、アントニオーニは、そうしたイリュージョンを喚起させる名人でもあるのだが、本作における公園の数々のショットは、不思議な緊張のなかで、トーマス——そして観客——の満たされない期待と不安を助長させる。

消えるトーマス

キツネにつままれたようなトーマスの前に、映画の最初に登場していた白塗りの若者たちが現われてきて、ラケットもボールもなしでテニスのパントマイムを演じはじめる。怪訝そうな表情でそれを眺めていたトーマスだが、一瞬だけ軽く微笑む。すると、見えないボールがコートの外に転がっていったようで、カメラもトーマスの視線も、その不在のボールを追うようにして、芝生の上で止まる。パントマイムの女が、トーマスにそれを拾ってほしいと無言で促す。ややためらいがちながらも、彼は走っていって、勢いよくボールを投げ返す振り、をすると、聞こえるはずのない、ラケットにボールのはねる音がフレームの外から軽く響いてくる。この間カメラは、その不在のボールを目で追っているようなトーマスをバストアップでしばしとらえる（三十秒近く）。このとき、疑心暗鬼とも、諦念ともとれる微妙な表情の変化をカメラは見逃さない。かすかな笑みを浮かべたように見える一瞬もある。いったい何が現実で、何が起こっているのか、彼にはもはや確信がもてないといった面持ちである。それは、映画の前半の自信にあふれた彼の表情とは、きわめて対照的である。

するとカメラは、次の瞬間、突然にはるか上から俯瞰するロングショットに切り替わり（図19）、彼の姿そのものもまた、ディゾルヴで芝生のなかにゆっくりと消えてジ・エンドとなる。トーマスが消えた地平線の見えないオールオーヴァーな草むらの場面から、わたしは、たとえばフレデリック・ソマーが一九四〇年代初めに撮った風景写真――一九四三年の《アリゾナ風景》（図20）など――のことを連想しないではいられない。そこでは、不思議なことに、スケールの大きさと粒子状の細部とが同居していて、どこかに何かが潜んでいそうにも見える。アントニ

図19　アントニオーニ『欲望』より

図20　フレデリック・ソマー《アリゾナ風景》

図21　ジョヴァンニ・アンセルモ《作品のなかに入る》

オーニがどこまで意識していたかは別にして、ソマーの風景写真のなかでも、図と地、存在と不在、空間の広がりと微小な細部のあいだでショートが起こっているのである。

一方、『欲望』から五年後、アルテ・ポーヴェラを代表する作家のひとり、ジョヴァンニ・アンセルモは、シャッター時間を調節して、みずから被写体――広い草原――のなかに小さく映り込み、それを縦三メートルで横五メートルのスクリーン状の大カンヴァスに焼き付けて絵具で加筆を施した《作品のなかに入る》（一九七一年、キャンベル、オーストラリア国立美術館、複数ヴァージョンあり、図21）を発表するが、これは、『欲望』の最後のショットを転倒させたもののように、わたしには思われる。アントニオーニでは、主役は芝に呑み込まれるようにして姿を消してしまうが、アンセルモでは反対に、今まさに作品のなかに入り込んだ瞬間である。だが、それもまたひとつの虚構の身振りであることに変わりはなく、いつ消え去らないとも限らない。

トーマスはどこになぜ消えたのか、殺人は本当に起こっていたのか、ジェーンという女はそもそも何者なのか、いっさいは闇に葬られたまま、観客に明かされることはない。タブローのなかの闇と向き合っている、ルネ・マグリットの鑑賞者さながらに。それはまた、『情事』において、なぜアンナが失踪してしまったのか、観客に告げられることのないままに終わるのと、どこか似ていなくはない。結局トーマスは、同じロンドンの大先輩、シャーロック・ホームズにはなれなかった。それどころか、大量消費時代の寵児たるトーマス本人も、最後には、わたしたち観客の前からどこへともなく姿をくらましてしまうのである。とはいえ、そもそも殺人ミステリーとその解決がこの映画の主眼ではないのだから、そのことで監督や映画を批判するのは的外れである。

　このラストシーンは、ある意味でオープニングのクレジットタイトルと対応している。そこでも、やはり広い芝生を地の面にして、次々とクレジットの文字が現われるのだが、その文字がちょうど切り抜きの透かしのようになって、現実のシーン——踊子と観衆——が隙間からごくわずかに垣間見られる仕掛けになっているのである。わたしたちが見ているのは、あくまでも現実の断片であって、全体像ではない（図22）。ごく一瞬だけタイトルのBLOWUPの文字が大きくなって、スクリーン全体が現実の映像に置き換わることもあるが、すぐにまたもとの透かし文字からのぞくクレジットに戻る。観客のフラストレーションをさそわずにはいないこの始まりは、映画のなかの現実が、部分的でまたある場合には恣意的に切り取られて組み立てられたものにほかならないことを暗示しているかのようでもある。

図22　アントニオーニ『欲望』より

　正確にいうと、ロンドンを舞台にイギリス青年を主役にしてアントニオーニが撮った映画は、『欲望』が最初ではない。フランスとイタリアとイギリスの三つのそれぞれ独立したエピソードからなる、一九五三年の『敗者たち』に早い先例があるのだ。詩人になるのが夢の独りよがりな青年が、世間の注目を集めるために、公園で女性を殺害するという話である。事件の目撃者を装って警察に通報し、新聞記事まで書かせてもらうことで、自分の名前を売り込もうと妄想するが、完全犯罪の公算はもちろん外れてしまう。面白いのはそのラストのショットで、新聞記者が事の顚末を電話で報告していると、カメラがおもむろに右にパンをして、テニスをする人物を遠くにとらえて暗転するのである。イギリスといえばテニスという連想が、このラストに反映されているのであろう。もちろん、『欲望』では話も映像もずっと複雑になっていて、しかも真相は明かされないままだが、十四年前のアントニオーニ自身の「若書き」が下敷きになっているのは確かだろう。一見して両者は物語の展開において何の脈絡もなさそうだが、公園での殺人事件とラストのテニスの組合せは、すでにアントニオーニの初期作品のなかで準備されていたのである。ただ今回は、写真と絵画をあいだにはさんで、殺人事件や主人公そのものが、現実と妄想、存在と不在のあいだを漂っているのだ。

この最後のシークエンスについては、これまですでに多くのインクが流されてきた。大方で一致しているのは、ひとことで言うなら、リアリティとフィクションとのあいだの境界線が揺らぐポストモダン的な状況を映画が先取りしているという見方であろう（Neidich 2003）。さまざまなイメージや記号が氾濫する消費社会のメディア環境によって、そうした状況はますます加速されてきた。カメラを通して真実に到達できるというトーマス（と観客）の期待をあえてはぐらかそうとする点で、ネオレアリズモの「パロディ」とみなす解釈もあるほどである（Watt 2008）。「シミュラクル」という用語を引っ提げて、フランスの哲学者ジャン・ボードリヤールがポストモダンを代表する理論家として登場するのが一九七〇年代以降のことだから、アントニオーニの映画の方がそれよりも少し早いことになる。たしかに本作は、真実を伝えうるという映画への信頼や期待をあえて逆手にとってみせる。

一方、監督本人が意識していたか否かは別にして、ダラスでのケネディ暗殺の瞬間（一九六三年十一月二十二日）を撮影した二十六秒間の八ミリ映像――撮影者の名前をとって「ザプルーダー・フィルム」と呼ばれる――との関連を指摘する研究者もいる（Porcari 2013; Taylor 2012）。その映像は、たしかに事件の決定的瞬間をとらえているのだが、そして、そのコピーもつくられ、何百コマものモノクロ写真が複製されてきたのだが、それでも誰がどの方向から発砲したのかは判明しないままであった。そればかりか、フィルムそのものの信憑性が疑われたり、欠落部が取りざたされたりすることもあった。そもそも映像は、現実を余すところなく伝えるわけではないのだ。

もちろん、映画でも写真でもカメラはいくらでも嘘をつくことができ、偽造することもさして困難ではない。写真トリックがいかに政治的に利用されてきたか、アラン・ジョベールが興味深い例の数々を見せてくれる（トロツキーと映ったレーニンが、スターリンとのツーショットに変えられたように）。さらにデジタル写真が普及した現代、素人も日常的にトリックを楽しんでいるが、アントニオーニの『欲望』が描いているのは、そうした意図的な映像加工のことではない。また、ルイ・ジャック・マンデ・ダゲールの《タンプル通り》（一八三八―三九年）などの例でよく知られているように、初期の写真のなかには、長い露出時間のために動いている人物たちはフィルムのなかに収まらず、まるで無人のように見えるものがあるが（靴磨きと客だけが小さく写っている）、トーマスの場合には、単にそういった技術的制約の問題でもない。また、写真はその誕生時から、亡霊や異界などともたいへん相性がいいのだが、トーマスが無意識の内に見たいと欲望しているのは、そうした写真に特有の光の魔術だけでもない。

『欲望』が、半世紀以上を経た今日もなお、その新鮮さを失っていないどころか、そうありつづけているとするなら、それは、この映画が単に現実とイメージとの関係を問い直しているからだけではない。管見によれば、それ以上に特筆されるのは、絵画と写真と映画という異なるイメージ、あるいはメディウムのあいだの関係である。「絵画とは何か」、「写真とは何か」、それを映画というメディウムによって突き詰めようとするのだ。それが可能になるのは、もちろん、これら三つのなかで映画がいちばん最後に登場したメディウムだからであるが、アントニオーニにはおそらく、映画によってこそ絵画と写真とが統合されうるという、密かな自負があったにちがいない。最後のショット、地（芝生）のなかに図（トーマス）がゆっくりと消えていく場面で、その効果を最大に盛り上げるため、アントニオーニは、スプレーで芝の上から実際に彩色することで、その色と光を微妙に調整していたという（Arrowsmith 1995: 107）。つまりこの監督は、あらかじめ芝生というカンヴァスに絵を描いていたのである。ここからもまた、彼の矜持をうかがい知ることができる。実のところ、『欲望』の最大の魅力は、この間メディウム的でメタ表象的な戯れの内にあるように、わたしには思われる。

V　ベルトルッチと造形芸術

ピランデッロの小説と初期映画との意外だが深い因縁から始まった小著を、イタリア映画の第二の黄金期の最後を飾る監督で締めくくってもらうことにしよう。

ベーコンとカラヴァッジョ――『ラストタンゴ・イン・パリ』

センセーショナルなその性描写で弱冠三十一歳のイタリア人監督ベルナルド・ベルトルッチの名を一躍世界に知らしめた映画、『ラストタンゴ・イン・パリ』（一九七二年）は、やや唐突にもイギリス人画家フランシス・ベーコンの二枚の肖像画を背景にしたクレジットタイトルで幕を開ける。一枚目は、白い下着の男がオレンジ色の大きなコーチの上に横たわっているところ。モデルは精神分析の生みの親フロイトの孫で、友人の画家ルシアン・フロイドである。二枚目は、白い上着とベージュのミニスカートの女がピンク色のカーペットの上で椅子に足を組んで腰かけているところを描いた絵で、モデルとなっているのは、同じく友人の女流画家イザベル・ローソーン。バックにはガトー・バルビエリの気だるいジャズが流れている。つづいてこの二枚の絵がまるで対幅のように同時に並んで画面に浮かび上がってから本篇がはじまるという仕掛けである（図1）。

この映画の前年、一九七一年にパリでは、ベーコンの最初の大回顧展がグラン・パレで開かれ（百点以上もの作品が展示された）、大きな反響を呼んだところであった（開幕直前に画家の愛人のジョージ・ダイアーがパリのホテルで自殺したことでも知られる）。

さて、思わせぶりなこの出だしこそ、まさしく本作全体――内容もスタイルも――を象徴しているといってもおそらく過言ではない。というのも、性と死、フロイト流にいうならエロスとタナトスはこの映画と絵画に共通のテーマだし、色調と形態においても映画はベーコンの絵画に範をとろうとしているように思われるからだ。実際にも、ベルトルッチ自身の言によると、ベーコンの展覧会を見て衝撃を受けた彼は、これが共作の三本目となる盟友の撮影監督ヴィットリオ・ストラーロと主役のマーロン・ブランドを同じ展覧会に連れていき、こんな映画を撮りたいと提案したという（Bertolucci 2010: 52）。

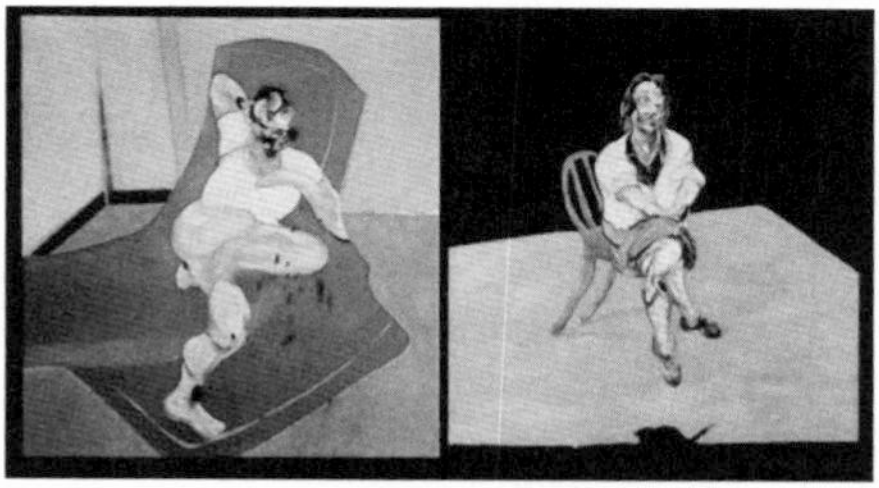

図1　ベルトルッチ『ラストタンゴ・イン・パリ』より

かくして、妻を自殺で亡くした中年のアメリカ男と若いパリ娘（マリア・シュナイダー）とのゆきずりの逢瀬がはじまることになるのだが、その場所は、くすんだオレンジ色にもピンク色にも見えるカーペットが床一面に敷かれたアパルトマンの殺風景な部屋である。その埃っぽいカーペットの上で、二人は名前も素性も明かさないまま、ひたすら肉の塊となって激しく身を捩らせて抱き合い、もつれ合う。透けたカーテンがその二人の身体にまとわりつく。まるでベーコンの絵さながらに。

サディスティックでかつマゾヒスティックでもある男の行為は、ますますエスカレートしていくが（バターを使ったバックからのレイプシーンには批判が集中した）、しかし、快楽を貪っているというよりも、むしろ死の淵へと突き進んでいるように見える。男はしばしば顔を歪ませて床にのたうちもがき回る。ここにもまたベーコンの世界に通じるところがある。それだけではない、割れた鏡や曇った鏡に映るおぼろげな姿や、半透明のすりガラスや薄布越しに見える顔のぼやけたショットなどが全篇で何度も繰り返し差しはさまれるのもまた、くすんだ鏡やヴェールを好んで用いた画家の世界を強く意識した演出にちがいない（図2）。

図2　ベルトルッチ『ラストタンゴ・イン・パリ』より

ベーコンの絵画自体が、セルゲイ・エイゼンシュテインやルイス・ブニュエルらの映画に触発されているとすると、今度は逆に、その絵画から映画へのいわば還流が起こっているわけである。その後も、イギリスの画家の作品は、デヴィッド・クローネンバーグやデヴィッド・リンチら、多くの映画監督たちを刺激することになるだろう。とはいえこれらは主に一九八〇年代以降のことだから、ベルトルッチは彼らに先駆けていることになる。

先輩パゾリーニもまた、『テオレマ』（一九六八年）で、息子ピエトロの同性愛的な混乱と不安を暗示させるように、ベーコンの絵——とりわけファリックな三連画《キリスト磔刑図のための三つの習作》（一九四四年）がクロースアップされる——を登場させるが、それはあくまでも画集のなかの図版としてであり、パゾリーニの映像そのものがベーコン風に変貌するわけではない。

一方、映画の中盤、男が女に珍しく少年時代の思い出を独言のようにつぶやく姿がクロースアップの長回し（四分余り）でとらえられる。その顔に落ちる微妙な光と影の変化は、カラヴァッジョの絵を連想させないではいないが、これはおそらく、この画家に私淑する名カメラマン、ヴィットリオ・ストラーロの貢献によるところが大だろう。このショットは、やはりストラーロが撮影監督を務めたフランシス・コッポラの『地獄の黙示録』（一九七九年）において、同じくブランド演じるカーツ大佐の登場シーンを忘れがたいものにしている巧みな明暗の効果を先取りするものだ。

カラヴァッジョはバロック期イタリアの画家だから、ベーコンとは時代も国も異なるが、二人に同時に捧げられた展覧会——『カラヴァッジョ ベーコン』（二〇〇九年、ローマ、ボルゲーゼ美術館)——もあるほどで、たしかに似たところがなくはない。二人において、欲望と暴力、苦痛と攻撃性は、生と芸術のどちらの特徴でもある。人体(とりわけ男性の裸体)への関心、悶えと叫び、暗闇の背景と深い影は、両画家に共通する重要な要素であると同時に、『ラストタンゴ・イン・パリ』の映像の特徴でもある。ストラーロは生前、あるインタヴューに応えて、映画における光と闇の対比は、時間や運動の感覚を、つまるところ生と死の葛藤を表わしている、という意味のことを語っている(Dalle Vacche 2009)。

おそらく、カラヴァッジョもベーコンも決していい信者ではなかっただろうが、繰り返し描かれたそのテーマから察するに、「受難」に取り憑かれていたように思われる。鏡(鏡像)への執着、そして偽装されたり歪められたりした数々の自画像においても、二人の画家には相通じるところがある。しかもなにより二人は、基本的に独学者であり、かつ芸術の革命児であった。十七世紀初めにあってイタリアの画家は、歴史画を頂点とする絵画の伝統的なヒエラルキーを激しく攪乱させる。一方、二十世紀のイギリスの画家にとって、モダンアートには、前提となるいかなる理念やドグマもあってはならない。これらもまた、『ラストタンゴ・イン・パリ』のスキャンダルを先取りするものだ。なによりもまず、鑑賞者の五感と身体そのものを激しく揺さぶるようなイメージ自体の強烈な存在感において、二人の画家、そしてベルトルッチとストラーロは、時空を超えてつながっている。

大叙事詩『1900年』とヴォルペードの大作《第四階級》

とはいえ、これはほんの一例に過ぎない。全篇五時間余りにも及ぶ壮大な叙事詩『1900年』（一九七六年）では、クレジットタイトルの背景に、ジュゼッペ・ペリッツァ・ダ・ヴォルペードの大作《第四階級》（一九〇一年、二九五×五四五センチメートル、ミラノ、ノヴェチェント美術館）が使われている。エンニオ・モリコーネによるテーマ音楽が流れるなか、「労働者のイコン」という異名をとるこの北イタリアの画家の代表作を、カメラ——撮影監督はもちろん同じくストラーロ——は最初、中央のプロレタリアートの顔を大写しにすると（図3）、次第にゆっくりと後ろに引いていって、彼を先頭にして今まさに抑圧されてきた声を上げて行進しようとしている貧しい農民や日雇い労働者たちの大集団の全体をフレームに収める（図4）。この四分余りの絵のショットは、『ラストタンゴ・イン・パリ』におけるベーコンの二枚の絵と同じく、やはり五時間の全篇を集約しているといって誇張ではない。映画が、小作農（とその息子）と大地主（とその息子）との葛藤と友情を二世代にわたって描くとするなら、絵の真ん中の男は、映画中のオルモ（ジェラール・ドパルデュー）に、そして右の女と幼児は、その妻アニタ（ステファニア・サンドレッリ）と子に対応するだろうし、あるいは、オルモの祖父レオ（スターリング・ヘイドン）と嫁とその子すなわちオルモに対応するとも考えられるだろう。

さらにヴォルペードの絵が、匿名の家族と集団の肖像の内に普遍史を透かし見させてくれるように、ベルトルッチの映画もまた、二つの対照的な家族の歴史の内に、激動するイタリア近代の

「（大文字の）歴史」を投影させようとする。大地主の息子アルフレード（ロバート・デ・ニーロ）と父なし子のオルモとは、ちょうど互いが互いの分身（鏡像）のような関係にある。分身のテーマはベルトルッチ作品の多くに通底するものだが、これについてはまた場を改めて論じる必要があるだろう。明と暗のコントラストの効いたいぶし銀の色調もまた、絵画と映画とをつなぐ重要な要素である。

当初はわずか三人の労働者の抗議を描いたヴォルペードの絵の構想――《空腹の使者》（一八九一年）――は、その後、大勢の貧民たちからなる行進の《流れ》（一八九八年、ミラノ、ブレラ美術館）へと発展し、さらに、威厳と品格にあふれる《第四階級》のデモにいたるという経緯をもつが、映画においても、農業の日雇い労働者たちの抵抗と、さらに反ファシズムのうねりは、時間を追って拡大し盛り上がっていく。

図3　ベルトルッチ『1900年』より

図4　ヴォルペード《第四階級》

現実と記憶と幻想のあいだ――『暗殺のオペラ』のデ・キリコとマグリット

晩年のベルトルッチは、四十年前の『1900年』を回顧して、「ユートピアが可能であることをパゾリーニに示したかった」と語ったという（Finos 2016）。先輩パゾリーニのペシミズムにたいして、後輩はどこか物足らなさを感じていたのだろうか。とはいえ、やや大風呂敷を広げた感のなくはないこの映画にたいして、むしろ小ぶりながらもわたしがいちばん好きなベルトルッチ作品は、白状するなら、『暗殺のオペラ』（一九七〇年、原題は『蜘蛛の策略』）である。ファシズムの犠牲となったレジスタンスの英雄として小さな町で崇められる父親の素性が、実は反対に卑怯な裏切者だったことを知ってしまう息子の話である。

だがもちろん、それほど単純ではない。父と子を同じ役者（ジュリオ・ブロージ）が演じ、ほとんど唐突に、何度もファシズムの時代へのフラッシュバックがはさまれるにもかかわらず、誰も歳をとっているように見えないから、過去と現在、現実と記憶、歴史と神話とが溶け合って見分けがつきにくい。かつて父はレジスタンス仲間を裏切って、ムッソリーニ暗殺計画を事前に漏らしておきながら、仲間に頼んでわざわざ密かに自分を殺させ、ファシストの犠牲になったと装うことで、自由と抵抗の英雄として将来に語り継がれることを見越していたらしいのだ。だから、タラというこの架空の町――ルネサンスの面影を残す小都サッビオネータでロケがおこなわれている――には、父の名を冠した通りのみならず、青年文化会館や銅像までである。この町の歌劇場、ジュゼッペ・ヴェルディのオペラ『リゴレット』の「呪い」が響き渡るなか、三十年前のこけら落としのときに裏切者の父はみずから望んで殺害されたのだ。一方、映画のラストでは、同じ劇場で同じ演目がかかるなか、息子にその真実が暴かれる。まさに、「ああ、あいつの呪いだAh, la maledizione」と歌われる瞬間に。オペラ好きのベルトルッチならではの心憎い演出である。

父と同名の息子アトス・マニャーニは、真相を探るべくこの町に降り来たのだが、それが明かされても心が落ち着くことはない。父がかつて張り巡らし、当時の父の恋人ドライファ（アリダ・ヴァッリ）が今もなお密かに守り抜いている蜘蛛の巣のなかに捕らわれたままなのだ。最後に、町を去ろうとしても、なぜだか列車はもはや通っておらず、線路には雑草が生え放題。いったいどれだけの時間が経過したのか。つい先日、その列車で彼はこの町に到着したというのに。だから彼はもはやそこから抜け出すことができない。イタロ・カルヴィーノの『見えない都市』（一九七二年）さながらに、この町も幻想のなかを漂っているのだろうか。この非現実的なラストは、それにもかかわらず、やや楽観的で類型的な『１９００年』のラスト、さらに後で触れることになるが、思わせぶりで技巧的な『暗殺の森』とくらべて、ファシズムがまだ終わっていないことをはるかに強く観客に印象づける効果をもっている。

母親ほど歳の離れているドライファは、アトス子にとって、迷宮を案内してくれるアリアドネーでもあれば、逆に、巧みな糸で相手をはぐらかす蜘蛛のようなアラクネーでもある（Kline 1994: 70）。アトス子のなかに三十数年前の恋人アトス父を重ねている彼女は、みずからの記憶と幻想で編みこまれた見えない蜘蛛の巣のなかに彼をしっかりつかまえて放そうとはしない。彼女

図5　ベルトルッチ『暗殺のオペラ』より

の部屋には、昔のアトス父の写真が飾ってあるが、連続する数ショットのたびに、その写真が変わっている。まるで彼女が自在に過去を操っているかのように。しかも、三十年前の彼女も、今の彼女とほとんど変わらないから、年月が経っているように見えない。

父は臆病ゆえに仲間を裏切ったのだろうか。もしそうだとして、なぜ死を選んでまで反ファシスト神話の主役たろうとしたのか。レジスタンスとファシズムのあいだを泳ぐことで殉教者としての名声を勝ち得たとするなら、本当に彼は英雄といえるのだろうか。分身のテーマとともに、ファシズムとレジスタンスの錯綜した関係性もまたベルトルッチにおなじみのテーマだが（同年の『暗殺の森』にも反映されている）、とりわけ本作で際立つのは、現実と夢、知覚と幻想のあわいを漂うような美しい映像の数々である（カメラはもちろんストラーロ）。そこにおいて、物語内容と表現形式とが見事に合体している。

ベーコンの『ラストタンゴ・イン・パリ』、ヴォルペードの『1900年』に代わって、本作の幕開けのタイトルバックに選ばれているのは、アントニオ・リガブーエの何枚かの絵である（図5）。その名前は、日本では馴染みが薄いかもしれないが、フランスのアンリ・ルソーやグルジア（ジョージア）のピロスマニなどと並ぶ、二十世紀のいわゆる素朴派を代表する画家のひとりである。生涯の大半を、ベルトルッチの故郷パルマに近いレッジョ・エミリアのホスピスや精神病院で送り、本能を剥きだしにしたような動物たちの絵を、鮮やかな色彩と強い線によって描きつづけた。アール・ブリュット（生の芸術）やアウトサイダー・アートにも分類されるこの画家の作品が、なぜ本篇を象徴するようなタイトルバックに選ばれたのか。それは、想像の域を出るものではないが、リガブーエが好んで描く動物たちの睨み合いのうちに、映画でこれから展開されることになる登場人物たちの腹の探り合いが暗示されている、と考えることはできるだろう。

とはいえ本篇の映像は、素朴でプリミティヴというよりも、むしろきわめて洗練された美しいもので、とりわけ、形而上絵画のジョルジョ・デ・キリコと、シュルレアリスムのルネ・マグリットが、全体の基調をなしているように思われる。実際にも、本作に関連してベルトルッチ自身が、「マグリットの夜と同じような青い光」の効果について語り（Bertolucci 2010: 50）、撮影監督のストラーロもまた、このベルギーの画家からのインスピレーションを自認している（Kline 1994: 69）。

図6　ベルトルッチ『暗殺のオペラ』より

図7　デ・キリコ《イタリア広場》

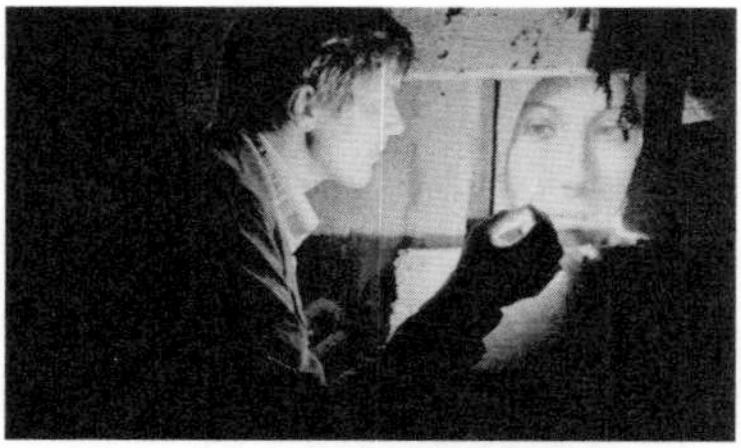

図８　ベルトルッチ『暗殺のオペラ』より

図９　ベルトルッチ『暗殺のオペラ』より

図10　ベルトルッチ『暗殺のオペラ』より

タイトルバックのすぐ後、アトス子が列車からタラに降り立つと、人影のまばらな町は明るい陽光のなか、まるでゴースト・タウンのようにじっと静まり返っている（図６）。それはさながら、デ・キリコの描く《イタリア広場》（一九一三年、トロント、オンタリオ美術館、図７）がスクリーン上に出現したかのようだ。その絵のなかの広場の向こう側に、白煙を上げて走る列車が小さく見えるのだが、映画の主人公もつい今しがた列車で町に到着したところである。いったいこれからここで何が起ころうとしているのか。不気味に伸びる建物と人物の影、（アトス父の）謎めいた彫像、剝きだしの果物類、それらもまた、デ・キリコの描く不可思議な街角や広場の光景を連想させないではいない。と思うと、アントネッロ・ダ・メッシーナの《受胎告知の聖母》（一四七五年頃）の、実物よりもはるかに大きな複製が、宿の物置小屋の壁に垣間見えたりする（図8）。マッチ一本が光源のその美しくも不気味なショットは、カラヴァッジョ風の絵画を髣髴させる。日常の空間が、それにもかかわらず、妙によそよそしくて謎と神秘に満ちているのである。

一方、光と影、内部と外部、実物とイメージのあいだの境界線をまたぐようなショットの数々は、監督とカメラマンも認めているように、あきらかにルネ・マグリットに触発されたものである。たとえば、林のなかをさまようアトス子とドライファ、屋内と屋外とが窓や扉口を通して入

図11　マグリット《光の帝国》

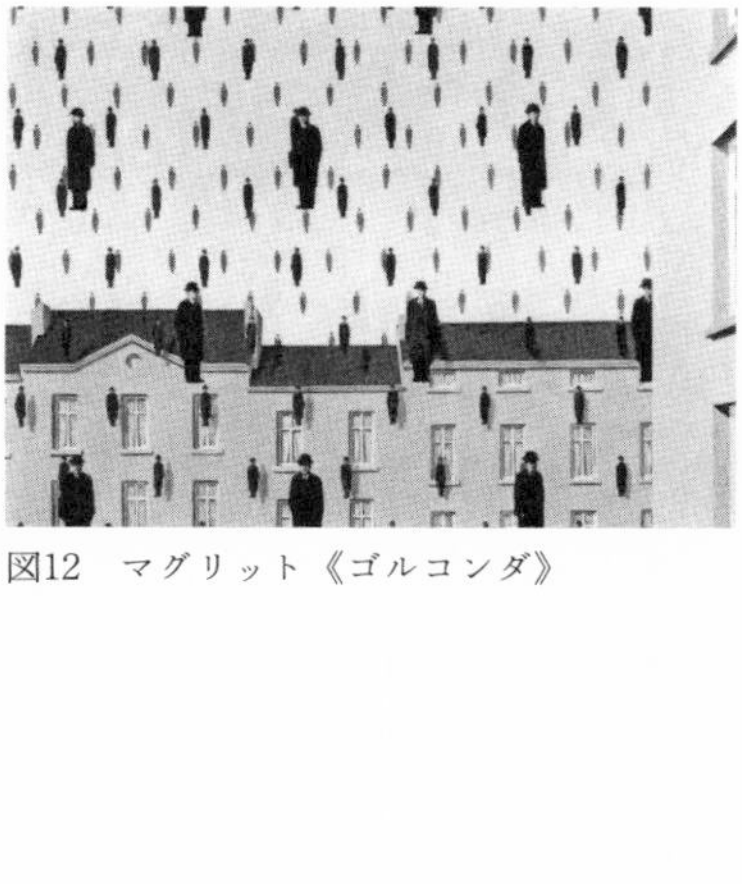

図12　マグリット《ゴルコンダ》

図13　マグリット《デカルコマニー》

れ子状に重なる光景、夜のタラの駅舎を覆う青い空（図9）、快晴のなか雨傘をさして立ちすくむ人々の不条理（図10）、カメラの焦点が合うたびに人がひとりずつ消えている劇場のボックス席（四度繰り返される）、これらのショットは順に、《白紙委任状》（一九六五年）、《弁証法礼賛》（一九三六年）、《光の帝国》（一九五四年、ブリュッセル、マグリット美術館、十数点のヴァージョンあり、図11）、《ゴルコンダ》（一九五三年、ブリュッセル、マグリット美術館、図12）、《新聞を読む男》（一九二八年）などのマグリット作品がインスピレーション源になっているに相違ないだろう。いずれのショットも、見えることと見えないこと、存在と不在、実像と虚像のあいだを揺れ動く物語の内容とも一致している。

さらに、映画全体の展開そのもの、つまり、アトス父はすでにこの世にいないにもかかわらず、生きているアトス子の方が、死んだはずの父の存在に圧倒されることで、生と死、存在と不在の関係が逆転するかのような構図は、製作者が意図したかどうかは別にして、同じくマグリットの《デカルコマニー》（一九六六年、パリ、ポンピドゥーセンター、図13）のような作品に送り返されていくように思われる。「デカルコマニー」とは「転写」を意味するフランス語だが、あえてやや強引な比喩を使うなら、父の秘密を知ることで、アトス子はアトス父の「転写」へと変貌したともいえるだろう。

建築と装飾のなかのファシズムとレジスタンス

一方、同じ一九七〇年の『暗殺の森』（原題は『順応主義者』）は、少年時代に若い男から性的虐待を受けたことがトラウマになって、同性愛的な欲望を抑圧してきた主人公クレリチ（ジャン＝ルイ・トランティニャン）が、「正常な人間」になるため、ファシスト党に忠誠を誓い、パリに亡命中のかつての大学の恩師の暗殺を決行するという物語で、レジスタンスとファシズムの錯綜した関係を描いた点で、『暗殺のオペラ』とは姉妹篇のような関係にある（当時は、いわゆる「レジスタンス神話」の再考が進んだ時代でもあった。Gavin 2013）。興行的にも一般的な評価においても、フィルム・ノワール調の表現主義にマックス・オフュルス風のデカダンスを掛け合わせたような『暗殺の森』の方が、『暗殺のオペラ』とは比較にならないほどの成功を収めているようだが、個人的には、『１９００年』の場合と同じく、やや思わせぶりの劇的展開が少し鼻につかなくはない。

とはいえ、ここでもストラーロとタッグを組んだ映像の美しさ、とりわけ建築と装飾様式の周到な使い分けにおいて、期待を裏切られることはない。すなわち、近代的な合理主義建築、擬古典主義と「アール・ポンピエ」、そしてアール・ヌーヴォーやアール・デコという、十九世紀末から二十世紀初頭に入り乱れた異なる様式が、物語の展開に応じるかのようにして、巧みに使い

図14　ベルトルッチ『暗殺の森』より

図15　ベルトルッチ『暗殺の森』より

分けられているのである。そこにはまた、美術監督としてクレジットされている、フェルディナンド・スカルフィオッティ——ルキノ・ヴィスコンティの『ベニスに死す』（一九七一年）などでも知られる——の貢献も見過ごせないだろう。

たとえばまず、主人公と母親が父親を精神病院に見舞う場面、その建物には、アダルベルト・リーベラの設計でファシズム時代に着工されたエウル地区の会議場と野外劇場（一九三八—五四年）が使われている（図14）。その冷徹なまでに幾何学的な純白の空間の広がりによって、ファシズム権力の大きさと強さが暗示されているように見える。そこに収容されて拘束衣を着せられ、何度も「大虐殺と憂鬱」と叫ぶ父親は、その権力の犠牲者であるが、反対に息子は、秘密警察（OVRA）にみずから進んで志願することで権力にへつらおうとしている。そのクレリチが訪れる党本部の合理主義的だが空虚な巨大空間は、権力の誇大妄想を代弁して余りある（図15）。

リーベラの名前は、映画ファンには、ゴダールの『軽蔑』（一九六三年）のロケ先となったカプリ島のマラパルテ邸の設計で知られているが、イタリア二十世紀を代表する合理主義建築の雄のひとりである。エウル地区の建設にも見られるように、国威発揚とプロパガンダの有効な手段として建築事業を推進したファシスト政権は、古代ローマ帝国の威容を喚起させる擬古典主義的な様式のみならず、あるいはむしろそれ以上に、近代的な合理主義の様式にたいしても積極的な立場をとっていた（美術の場合と同じく、そこがナチズムとの大きな違いでもある）。古典主義とモダニズムのあいだで、いわば二足のわらじを履いていたわけである（鯖江　二〇一一：ニコローゾ　二〇一〇）。

図16　ベルトルッチ『暗殺の森』より

図17　ベルトルッチ『暗殺の森』より

一方、党がプロパガンダ番組を流しているラジオ局には、アール・デコ調のセットが使われている（図16）。パゾリーニのところでも述べたように、アール・デコは、一九二五年のパリ万博を契機に、二つの大戦間に欧米に広まった装飾スタイルで、イタリアでは特に、ファシズム期に流行ったメロドラマ映画のジャンル、いわゆる「白い電話」が好んで用いたセットであった。もちろん、『暗殺の森』ではそれを承知で組み立てられているのである。

つづいて、結婚したばかりの主人公が妻（ステファニア・サンドレッリ）とともに列車でパリに向かう途中、党の指令を受けるために立ち寄ったフランスとの国境の町、ヴェンティミリアの屋敷の内装は擬古典主義調で、部屋には、新古典主義風の硬い浮彫と（図17）、十九世紀末のフランスのアカデミックな「アール・ポンピエ」か、イギリスのラファエル前派の絵をもじったようなキッチュな代物が壁一面に飾られている。まさに「悪の陳腐さ」——ホロコーストの中心人物アドルフ・アイヒマンの裁判を傍聴したハンナ・アレントの言葉——という表現がぴったりとくる場面である。

さて、パリに到着したクレリチが真っ先に向かうのは、もちろん、

図18　ベルトルッチ『暗殺の森』より

政治亡命中のクアドリ教授（エンツォ・タラシオ）のアパルトマン。見逃してならないのは、レジスタンスの同志たちが集まるその部屋が、アール・ヌーヴォー調の装飾やステンドグラスに彩られている点である（図18）。前の章で見たように、『ソドムの市』においてパゾリーニは、アール・ヌーヴォー様式に、消費主義という現代のファシズムを重ねていたのだが、弟分のベルトルッチは、反対に、反ファシズムの含意を同じ様式によって暗示するのである。実際に、フランス語で「アール・ヌーヴォー」すなわち「新しい芸術」と呼ばれるものは、イタリアでは別名「ス

ティーレ・リベルティ」つまり「自由のスタイル」とも称される。もちろん、「リバティ」の名前は、十九世紀末に開店したロンドンの百貨店の名前に由来するのだが、それが「自由」を意味することに変わりはない。パゾリーニは、そこに消費社会の原点を見ているが、ベルトルッチは、逆に、反ファシズムの記号を示唆する。亡命教授の若い妻アンナ（ドミニク・サンダ）は、クレリチの妻ジュリアとも肉体関係をもつバイセクシャルの自由人で、それを知らなくはない夫の教授も見て見ぬふりをしている。

その教授——哲学者ベネデット・クローチェのイメージがダブる——の指導のもと、かつてクレリチは、プラトンのいわゆる「洞窟の比喩」についての卒論を準備していたのだが、完成されることはなかった。パリで十年ぶりに再会した二人が、そのテーマについて語り合う場面（二分強）では、薄暗い書斎のなか、右の窓から差し込む光によって、二人の深い影が交錯しあう（図19）。それはまさしくプラトン的な洞窟の再

図19　ベルトルッチ『暗殺の森』より

図20　カラヴァッジョ《聖マタイの召命》

現であるとともに、撮影監督ストラーロから画家カラヴァッジョ——たとえば《聖マタイの召命》（一五九九―一六〇〇年、ローマ、サン・ルイジ・デリ・フランチェージ聖堂、図20）——へ捧げられたオマージュでもある。

映画のラスト近く、ファシスト政権崩壊後のある夜、破壊されたムッソリーニの銅像の頭部をもてあそぶバイクの集団が、素性を隠したクレリチと盲目の友人の前を通り過ぎる。場所は、ベルニーニの天使像たちが居並ぶサンタンジェロ橋、向こうにはヴァチカンの要塞にして牢獄、サンタンジェロ城もくっきりと見えている。このショットは、ファシズムとローマ教会との共犯関係をさりげなく暗示しているように思われる。

「カメラ・オブスクラ」のなかの現実——『革命前夜』

ファシズムとレジスタンス、マルクス主義とカトリシズム、父と息子、これらの葛藤はとりわけ一九七〇年代のベルトルッチに通底する重要な問題系であるが、二十二歳の若さで長篇第二作となった『革命前夜』（一九六四年）においてすでに、それらは萌芽している。ここにさらに近親相姦的なテーマを加えてもいいだろう。生まれ故郷のパルマを舞台に、スタンダールの名作『パルムの僧院』の登場人物たちからとられた名前を借用しながら、現状に飽き足らないブルジョワの息子ファブリツィオ（フランチェスコ・バリッリ）と、叔母ジーナ（アドリアーナ・アスティ）との禁断の愛と別れ、そしてイタリア共産党との決別が描かれる。

「キリスト教の信仰はブルジョワ的であると知れ」、「教会とは国家の無慈悲な心である」、パゾリーニの詩集『わが時代の信仰』（一九六一年）からの引用で幕を開ける本作は、また同時に、若いベルトルッチがジャン＝リュック・ゴダールから受けた衝撃の大きさを物語る作品でもある。突然のズームインとズームアウト、焦点の矢継ぎ早のシフト、ジャンプカットの多様などがそれを証言している。さらに、主人公のシネフィルの友人が、ゴダールと女優アンナ・カリーナを絶賛する場面も用意されている。

この作品でわたしが特に注目しておきたいのは、ちょうど真ん中あたりに置かれたシークエンスである。一線を越えて結ばれた甥と叔母の二人は、パルマの郊外にあるフォンタネッラートの古城を訪れる。そこは、マニエリスムの画家パルミジャニーノのフレスコ画があることで有名なのだが、映画に登場するのはその絵ではなくて、古城の塔のなかに十九世紀末に設えられた「カメラ・オッティカ（光学の部屋）」、つまりそっくり身体ごと入ることのできる「カメラ・オ

図21　アタナシウス・キルヒャー『光と影の大いなる術』より

図22　ベルトルッチ『革命前夜』より

ブスクラ」である。かつて、十七世紀ローマのイエズス会士にして博物学者、アタナシウス・キルヒャーが夢想していたものでもある（一六四五年の『光と影の大いなる術』、図21）。銃眼にはめ込まれたプリズムによって、手前に広がる町の広場の光景が、湾曲した二枚のスクリーンの上にリアルタイムで写し取られる。本作では、その映像だけがカラーで挿入される（実際には、暗箱の像はぼやけ、転倒しているはずだから、編集されたものであろう。図22）。

ジーナをその魔法の暗室に案内したファブリツィオは、「シネマ・ヴェリテ」のようだろうと説明する。いうまでもなくそれは、一九五〇年代から六〇年代に主にフランスで発展したドキュメンタリーの手法で、ベルトルッチも、処女作の『殺し』（一九六二年）において、行き交うローマの市民たちをカメラに収めたとき、この手法のことを意識していたと思われる。カメラ・オブスクラはまた、周知のように、とりわけレオナルド・ダ・ヴィンチ以来、画家たちが現実を写し取るための補助手段としても利用されてきたと考えられている。フェルメールはそのもっとも有力なひとりである。ヴェドゥータ（都市景観図）を得意とした十八世紀ヴェネツィアの画家、カナレットもまたこの器具を活用していた。つまり、客観的な映像を提供してくれる装置とみなされているわけである。

だが、反対の解釈もまた可能である。たとえば、マルクスとエンゲルスの共著『ドイツ・イデオロギー』（一八四五―四六年）のなかでは、転倒したイデオロギーの比喩として「カメラ・オブスクラ」が登場することは、よく知られている。つまり、この視覚的な装置は、客観性と知を担保するモデルともなれば、反対に、とりわけ十九世紀の半ば以降、真実を隠蔽し歪める操作や力のモデルともなるのである（クレーリー 二〇〇五）。ベルトルッチがその視覚装置のシークエンスを映画の折返し点に配したのは、こうした二面性が念頭にあったからではないだろうか。

実際に、先の見えない叔母との愛からも、そして、ブルジョワに生まれた後ろめたさから入った共産党からも身を引いた主人公は、結局のところ最後には、同じブルジョワ出身の幼馴染みとの無難な結婚を選択することになるのだ。まさしく「カメラ・オブスクラ」のなかで起こるように、主人公の像は転倒してしまうのである。一九六八年に本作を回顧してベルトルッチは、みずからの分身でもある主人公のことを、「レジスタンスに参加するには余りにも遅れて生まれ、若者たちの新たな情熱に与するには余りにも早くに生まれてしまった」、と述べる（Bertolucci 2010: 36）。後者はもちろん、一九六八年に大きなうねりとなる学生による蜂起をさす。さらにベルトルッチ本人によると、二人の別離の結末が、監督と同郷のヴェルディのオペラ――今回は『マクベス』――をバックに描かれるのは、この作曲家が二面性をもっているからである、という。いわく、ヴェルディは「十九世紀末には革命の精神を表象代理していたが、今日ではブルジョワの精神を体現している」（Bertolucci 2010: 40-41）と。それはまた、ベルトルッチとその作品の醸しだす二面性でもあるだろう。

あとがき

いまだに信じることができない。松井純が五十二歳の若さで帰らぬ人になろうとは。彼がまだ京都の人文書院にいたころから、二十年以上にわたる付き合いのなかで、翻訳も含めるとゆうに十冊を超える本をともにつくってきた。モランディやカラヴァッジョの本も、アガンベンの翻訳も、松井純との接点があってこそ生まれえたもので、これらのわたしの仕事は、まさしくこの敏腕編集者との「共作」であるといっても過言でないほどだ。

その松井純との数年ぶりの仕事として出発したのが小著で、予定では三月末のわたしの退官に合わせて出版されるはずであったが、残念ながら完成を俟たずしてひとり逝ってしまった。ある意味でこの小著には、わたしたちのこれまでの「共作」の成果がさまざまなかたちで盛り込まれているといって過言でない。というのも、上に挙げた三人の名前は、全体に通奏低音のように流れているからである。それればかりか、『フロイトのイタリア』や『芸術（アルス）と生政治（ビオス）』の記憶もどこかにこだましている。

京都の居酒屋で、フィレンツェやボローニャのバールで、酒やワインを酌み交わしながら、次の本の構想などを話し合っていたころのことが懐かしく思い出される。酒が入るとますます雄弁になって話に熱がこもってくるのが常だったが、それもこれも、この生まれながらの編集者の並外れた仕事への意気込みゆえのことである。

人文書を愛し、酒を愛し、イタリアを愛し、そして何より本づくりという天から与えられた使命に忠実でありつづけた松井純の霊に、このささやかな本を捧げたいと思う。最後になったが、その遺志を快く引き受けて、本書を無事に完成にまで導いてくれた平凡社編集の福田祐介さんに心から感謝の意を申し述べたい。

二〇二〇年三月

岡田温司　識

参考文献

アガンベン、ジョルジョ　二〇一九『書斎の自画像』岡田温司訳、月曜社。

アントニオーニ、ミケランジェロ　カルロ、ディ・カルロ／ティナッツィ、ジョルジョ編　一九九九『アントニオーニ――存在の証明』西村安弘訳、フィルムアート社。

石田美紀　二〇〇〇「1930年代ファシスト政権下イタリアにおけるジャンル映画〈白い電話 Telefoni bianchi〉の考察」『映像学』第六十五号、二五―三九頁。

岡田温司　一九九四［二〇〇七］『もうひとつのルネサンス』人文書院［平凡社ライブラリー］。

――　二〇〇三『モランディとその時代』人文書院。

――　二〇〇八『フロイトのイタリア――旅・芸術・精神分析』平凡社。

――　二〇一一『ジョルジョ・モランディ――人と芸術』平凡社新書。

――　二〇一四『イメージの根源へ――思考のイメージ論的転回』人文書院。

――　二〇一五『映画は絵画のように――静止・運動・時間』岩波書店。

――　二〇一七『映画とキリスト』みすず書房。

――　二〇一八『アガンベンの身振り』月曜社。

小川佐和子　二〇一六『映画の胎動――1910年代の比較映画史』人文書院。

カルヴィーノ、イタロ　二〇〇三『見えない都市』米川良夫訳、河出文庫。

クレーリー、ジョナサン　二〇〇五『観察者の系譜――視覚空間の変容とモダニティ』遠藤知巳訳、以文社。

――――　二〇〇五　『知覚の宙吊り――注意、スペクタル、近代文化』岡田温司監訳、平凡社。

ケジチ、トゥッリオ　二〇一〇　『フェリーニ――映画と人生』押場靖志訳、白水社。

鯖江秀樹　二〇一一　『イタリア・ファシズムの芸術政治』水声社。

シオン、ミシェル　一九九三　『映画にとって音とはなにか』川竹英克ほか訳、勁草書房。

ジョベール、アラン　一九八九　『歴史写真のトリック――政治権力と情報操作』村上光彦訳、朝日新聞社。

杉山博昭　二〇一三　『ルネサンスの聖史劇』中央公論新社。

ディディ＝ユベルマン、ジョルジュ　二〇〇一　『フラ・アンジェリコ――神秘神学と絵画表現』寺田光徳・平岡洋子訳、平凡社。

デ・マルティーノ、エルネスト　一九八八　『呪術的世界――歴史主義的民族学のために』上村忠男訳、平凡社。

トルボット、ウィリアム・ヘンリー・フォックス　二〇一六　『自然の鉛筆』青山勝訳、赤々舎。

ニコローゾ、パオロ　二〇一〇　『建築家ムッソリーニ――独裁者が夢見たファシズムの都市』桑木野幸司訳、白水社。

バザン、アンドレ　二〇一五　『映画とは何か』（上・下）、野崎歓・大原宣久・谷本道昭訳、岩波文庫。

パゾリーニ、ピエル・パオロ　一九九八　「現代のファシズム（海賊評論２）」大辻康子訳、『現代詩手帖』第四十一巻第七号。

――――　二〇一一　『パゾリーニ詩集』四方田犬彦訳、みすず書房。

花田清輝　一九九二　『新編 映画的思考』講談社文芸文庫。

バルザック、オノレ・ド　一九六五　『知られざる傑作』水野亮訳、岩波文庫。

バルト、ロラン　一九八五　『明るい部屋――写真についての覚書』花輪光訳、みすず書房。

――――　二〇〇六　「サド－パゾリーニ」中地義和訳、『ロラン・バルト著作集９　ロマネスクの誘惑１９７５－１９７７』みすず書房。

ピランデッロ、ルイジ　一九五八　「作者を探す六人の登場人物」岩田豊雄訳、『ピランデルロ名作集』白水社。

―― 一九八七『生きていたパスカル』米川良夫訳、福武文庫。

ペイター、ウォルター 二〇〇四『ルネサンス――美術と詩の研究』富士川義之訳、白水uブックス。

ベンヤミン、ヴァルター 一九九五a「複製技術時代の芸術作品」久保哲司訳、『ベンヤミン・コレクション1 近代の意味』浅井健二郎編訳、ちくま学芸文庫。

―― 一九九五b「写真小史」久保哲司訳、『ベンヤミン・コレクション1 近代の意味』浅井健二郎編訳、ちくま学芸文庫。

マルクス/エンゲルス 二〇〇二『ドイツ・イデオロギー』廣松渉編訳、小林昌人補訳、岩波文庫。

水野千依 二〇一一『イメージの地層――ルネサンスの図像文化における奇跡・分身・予言』名古屋大学出版会。

ラカン、ジャック 二〇〇二『精神分析の倫理』(上・下)、ジャック=アラン・ミレール編、小出浩之・鈴木國文ほか訳、岩波書店。

―― 二〇一七『不安』(上・下)、ジャック=アラン・ミレール編、小出浩之・鈴木國文ほか訳、岩波書店。

レオーネ、マッシモ 二〇一六「誘惑――形態と力」秦明子・片桐亜古訳、『ディアファネース――芸術と思想』第三号、五―三九頁。

レッシング、ゴットホルト・E 一九七〇『ラオコオン――絵画と文学との限界について』斎藤栄治訳、岩波文庫。

ロンギ、ロベルト 一九九八―九九『芸術論叢』(全二巻)、岡田温司監訳、中央公論美術出版。

―― 二〇〇八『ピエロ・デッラ・フランチェスカ』池上公平・遠山公一訳、中央公論美術出版。

Andreazza, Fabio 2006 "La conversion de Pirandello au cinema," in *Actes de la recherché en science sociales*, pp. 161-162 [https://www.academia.edu/156547/La_conversion_de_Pirandello_au_cin%C3%A9ma].

Arcangeli, Francesco 1977 *Dal Romanticismo all'Informale*, Einaudi, Torino.

—— 1981 *Giorgio Morandi*, Einaudi, Torino.
Arrowsmith, William 1995 *Antonioni: The Poet of Images*, Oxford University Press, Oxford.
Aumont, Jacques 1992 *Du visage au cinéma*, Broché, Paris.
Balbi, Mathias 2012 *Pasolini. Sade e la pittura*, Falsopiano, Alessandria.
Bazin, André 2002 "Cinema and Theology: The Case of Heaven Over the Marshes," trad. B. Cardullo, in *Journal of Religion and Film* 6(2), pp. 1-6 [https://www.unomaha. edu/jrf/heaven.htm].
Belli, Gabriella 1989 *Adalberto Libera. Opera completa*, Electa, Milano.
Bertetto, Paolo 2010 "Fellini, la religione, lo spettacolo," in a cura di S. Botta, *Cinema e religione*, pp. 99-112, Carocci, Roma.
Bertolucci, Bernardo 2010 *La mia magnifica ossessione: Scritti, ricordi, interventi(1962-2010)*, a cura di Fabio Francione e Piero Spila, Garzanti, Milano.
Bondanella, Peter 2002 *The Films of Federico Fellini*, Cambridge University Press, Cambridge.
Braun, Emily 2000 *Mario Sironi and Italian Modernism: Art and Politics under Fascism*, Cambridge University Press, Cambridge.
Briganti, Giuliano 1961 *La maniera italiana*, Editori Riuniti, Roma.
Brunetta, Gian Piero 2008 *Il cinema muto italiano*, Laterza, Roma-Bari.
Burch, Noël 1981 *Theory of Film Practice*, Princeton University Press, Princeton.
Callari, Francesco 1991 *Pirandello e il cinema: Con una raccolta completa degli scritti teorici e creative*, Marsilio, Venezia.
Campus, Simona 2010 "Sotto il segno della contaminazione. Disegni e dipinti di Pier Paolo Pasolini," in *Archeo Arte* 1, pp. 3-18 [http://people.unica.it/simonacampus/files/2012/11/S.-Campus_Sotto-il-segno-della-contaminazione.-Disegni-e-dipinti-di-Pier-Paolo-Pasolini_2010.pdf].

Carrera, Alessandro 2019 *Fellini's Eternal Rome: Paganism and Christianity in the Films of Federico Fellini*, Bloomsbury Academic, London.

Castelli, Rosario 2014 "Stantuffi in primo piano: Pirandello e Ruttmann," in *La letteratura degli italiani 4. I letterati e la scena*, Adi Editore, Roma [http://www.italianisti.it/upload/userfiles/files/castelli.pdf].

Censi, Rinaldo 2013 "Un lungo e infinito zoom in Avanti," in *Lo sguardo di Michelangelo Antonioni e le arti*, Catalogo della mostra, a cura di Dominique Païni, pp. 242-245, Ferrara .

Dalle Vacche, Angela 2008 *Diva: Defiance and Passion in Early Italian Cinema*, University of Texas Press, Austin.

—— 2009 "Chiaroscuro: Caravaggio, Bazin, Storaro," in *Senses of Cinema* 53 [http://sensesofcinema.com/2009/feature-articles/chiaroscuro-caravaggio-bazin-storaro/].

De Amicis, Edmondo 1995 *Cinematografo celebrale* (1907), a cura di B. Prezioso, Salerno Editrice, Roma.

De Martino, Ernesto 1977 "Realismo e folklore nel cinema italiana," in AA. VV., *Teorie del realismo*, a cura di E. Bruno, Bulzoni, Roma.

—— 2002 [1959] *Sud e magia*, Feltrinelli, Milano.

D'Elia, Gianni 2005 *L'eresia di Pasolini: L'avanguardia della tradizione dopo Leonardi*, Effigie, Pavia.

Epstein, Jean 1974 *Écrits sur le cinema*, vol. 1, Éditions Seghers, Paris.

Faeta, Francesco 2011 *Le ragioni dello sguardo: Pratiche dell'osservazione, della rappresentazione e della momoria*, Bollati Boringhieri, Torino.

Ferguson, Russell 1996 "Beautiful Moments," in *Art and Film Since 1945: Hall of Mirrors*, Exibition Catalogue, organized by Kerry Brougher, ed. by Russell Furguson, pp. 138-187, The Museum of Contemporary Art, Los Angeles, Monacelli Press, New York.

Ferlita, Salvatore, "E il chitico di Acireale inventò il neorealismo," in *la Repubblica* ol luglio 2009.

Finos, Arianna 2016 "Bertolucci, 40 anni dopo *Novecento*: "Volevo mostrare a Pasolini che l'utopia era possibile"," [https://www.repubblica.it/spettacoli/cinema/2016/06/04/news/bertolucci_40_anni_dopo_racconta_il_suo_novecento_-141245914/?refresh_ce].

Fusillo, Massimo 2007 *La Grecia secondo Pasolini: Mito e cinema*, Carocci, Roma.

Gavin, Dominic 2013 "Myths of the Resistance and Bernardo Bertolucci's *La strategia del ragno* (*The Spider's Strategy*, 1970)," in *California Italian Studies* 4(2), pp. 1-30.

Genovese, Nino 1990 "Quel ragno nero sul treppidi: Analisi dei rapport tra Pirandello e il cinema," in *La musa inquietante di Pirandello: il Cinema*, a cura di Nino Genovese e Sebastiano Gesù, pp. 11-44, Bonanno Editore, Palermo.

Gioli, Mauro 2006 "8½ e il cinema come istituzione Il film "difficile" di Fellini e la cultura italiana del suo tempo," in ed. Raffaele De Berti, *Federico Fellini*, pp. 75-101, McGraw-Hill, Milano [https://www.academia.edu/1466465/_8_e_il_cinema_come_istituzione._Il_film_difficile_di_Fellini_e_la_cultura_italiana_del_suo_tempo].

Jeanne, René 1924 "Cinq minutes avec *Pirandello*," in *Les Nouvelles Litteraires* 15, November.

Kline, Thomas Jefferson 1994 *I film di Bernardo Bertolucci: cinema e psicanalisi*, Gremese Editore, Roma.

Lista, Giovanni 2001 *Cinema e fotografia futurista*, Skira, Milano.

Longhi, Roberto 1952 *Caravaggio*, Aldo Martello, Milano.

Marano, Francesco 2017 "Neorealismo, Ernesto De Martino, Arturo Zavattini," in *Palaver* 6(1), pp. 147-168 [http://siba-ese.unisalento.it/index.php/palaver/article/view/17012/14603].

Marinetti, Filippo Tommaso et al. 1916 "La Cinematografia futurista," in *L'Italia Futurista* 10, Firenze [http://people.duke.edu/~dainotto/Texts/cinema_futurista.pdf].

Merjian, Ara H. 2010 "Mascots and Muses: Pasolini and Warhol," in *Frieze* 155, pp. 171-175 [https://frieze.com/

article/mascots-muses].
Minuz, Andrea 2015 “Mariofanie. Religiosità popolare e riti dello spettacolo nel cinema del Fellini negli anni Cinquanta,” in *Quaderni SMSR* 1 (1), pp. 31-47.
Moravia, Alberto 2010 *Cinema italiana: Recensioni e interventi 1933-1990*, a cura di A. Pezzotta e A. Gilardelli, Bompiani, Milano.
Neidich, Warren 2003 *Blow up: Photography, Cinema and the Brain*, Distributed Art Publishers, New York.
Nichols, Nina Davinci and Jana O'Keefe Bazzoni 1995 *Pirandello & Film*, University of Nebraska Press, Lincoln & London.
Ochsner, Beate 2008 “Au milieu de l'appareil cinématographique: Notes de Serafino Gubbio, opérateur (1925) de Luigi Pirandello,” in *Appareil* 1 [https://appareil.revues.org/126].
Oliva, Achille Bonito e Giuseppe Zigaina 1984 *Disegni e Pitture di Pier Paolo Pasolini*, Balance Rief.
Papini, Giovanni 1907 “La filisofia del cinematografo,” in *La Stampa* XLI, 18 maggio.
Pasolini, Pier Paolo 1960 “La dolce vita: per me si tratta di un film cattolico,” *in Il Reporter* 23, febbraio [http://pasolinipuntonet.blogspot.com/2012/05/la-dolce-vita-per-me-si-tratta-di-un.html].
—— 1998 *Romanzi e Racconti*, a cura di Walter Siti e Silvia De Luca, Mondadori, Milano.
—— 1999a *Saggi sulla letteratura e sull'arte*, a cura di Walter Siti e Silvia De Luca, Mondadori, Milano.
—— 1999b *Saggi sulla politica e sulla società*, a cura di Walter Siti e Silvia De Luca, Mondadori, Milano.
—— 2010 *La religione del mio tempo* (1961), Garzanti, Milano.
Pirandello, Luigi 1994 *Lettere a Marta Abba*, a cura di Benito Ortolani, Mondadori, Milano.
—— 2013 *Si gira...* (1915), riveduto col nuovo titolo, *Quaderni di Serafino Gubbio operatore* (1926), Grandi Claccici BUR, Milano（『或る映画技師の手記』岩崎純孝訳、ノーベル賞文学叢書、一九四二年。ただし、引用はすべて拙訳）.

Porcari, Giorge 2013 "Doubting Thomas: Photography and Michelangelo Antonioni's *Blow-Up*," in *Cine Action* 90 [http://www.lightmonkey.net/blowup].

Salvatore, Valerio 2003 "Ernesto de Martino nel Pci degli anni Cinquanta, tra religione e politica culturale," in *Studi Storici* 2, pp. 527-553.

Schwartz, Barth David 2017 *Pasolini Requiem*, second edition, University of Chicago Press, Chicago.

Siniscalchi, Claudio 2010 "Storia de 'La dolce vita', capolavoro felliniano che divide l'Italia e la Chiesa," in *L'Occidentale. Orienramento quotidiano* 7, febbraio [https://loccidentale.it/storia-de-la-dolce-vita-capolavoro-felliniano-che-divise-litalia-e-la-chiesa/].

Stoichita, Victor I. 2015 *L'Effect Sherlock Holmes*, Hazin, Paris.

Stonar, Sunders F. 1999 *The Cultural Cold War: The CIA and the World of Arts and Letters*, The New Press, New York.

Subini, Tomaso 2006 "Il caso de *La dolce vita*," in a cura di Ruggero Eugeni e Dario E. Viganò, *Attraverso lo schermo: Cinema e cultura cattolica in Italia*, vol. 2, pp. 239-255, Ente dello Spettacolo, Roma.

Taylor, Henry M. 2012 "Blow-Up and the Kennedy Assassination Syndrome," in *Cinemascope Independent Film Journal* 18 [https://www.academia.edu/1979318/Blow-Up_and_the_Kennedy_Assassination_Syndrome].

Tinelli, Giacomo 2018 "Pasolini e De Martino," Parte 1, in *Centro Studi Pier Paolo Pasolini Casarsa della Delizia* [http://www.centrostudipierpaolopasolinicasarsa.it/molteniblog/pasolini-e-de-martino-una-ricerca-di-giacomo-tirelli-parte-i].

Vanelli, Marco 2014, "« Il mio profondo, intimo, arcaico cattolicesimo »: Pier Paolo Pasolini e I crocifissi della storia," [http://issrpisa.it/download/Vanelli_Pasolini.pdf].

Verdone, Mario 1985 *Arnaldo Ginna: Tra astrazione e futurism*, Edizioni Essegi, Ravenna.

Watt, Mary 2008 "Antonioni's Photographer: Doubting Thomas or Peeping Tom? Blow-Up as Post Neorealist

Parody," in *Quarterly 6*(21), pp. 1-25 [https://www.buffalo.edu/content/dam/www/nemla/NIS/XXXIV/v34a2_watt.pdf].
Wigal, Donald 2005 *Jackson Pollock: Veiling the Image*, Parkston Press, New York.

人名索引

サ行

タ行

ナ行

ハ行

マ行

ヤ行

ラ行

ワ行

著者略歴

岡田温司（おかだ・あつし）

1954年生。京都大学大学院博士課程修了。京都大学名誉教授。西洋美術史。

著書に、『ルネサンスの美人論』『モランディとその時代』（吉田秀和賞、いずれも人文書院）、『ミメーシスを超えて』（勁草書房）、『マグダラのマリア』『天使とは何か』（ともに中公新書）、『芸術（アルス）と生政治（ビオス）』『フロイトのイタリア』（読売文学賞、ともに平凡社）、『もうひとつのルネサンス』（平凡社ライブラリー）、『半透明の美学』『映画は絵画のように』（ともに岩波書店）、『映画とキリスト』『映画と黙示録』（ともに、みすず書房）、『アガンベンの身振り』（月曜社）など。編著に『カラヴァッジョ鑑』（人文書院）、編訳著に『ジョルジョ・モランディの手紙』（みすず書房）など。訳書に、ロンギ『芸術論叢』（全2巻、監訳、中央公論美術出版）、アガンベン『中味のない人間』（共訳、人文書院）、『スタンツェ』（ちくま学芸文庫）、『イタリア的カテゴリー』（監訳、みすず書房）、『開かれ』（共訳、平凡社ライブラリー）、『裸性』（共訳、平凡社）、『書斎の自画像』（月曜社）、クレーリー『24/7 眠らない社会』（監訳、NTT 出版）など。

イタリア芸術のプリズム
画家と作家と監督たち

2020年５月13日　初版第１刷発行

著　者　岡田温司
発行者　下中美都
発行所　株式会社 平凡社
〒101-0051 東京都千代田区神田神保町3-29
電話 03-3230-6593（編集）
03-3230-6573（営業）
振替 00180-0-29639

装幀者　間村俊一
ＤＴＰ　株式会社キャップス
印　刷　株式会社東京印書館
製　本　大口製本印刷株式会社

平凡社ホームページ　https://www.heibonsha.co.jp/

ISBN978-4-582-47906-5　C0070
NDC 分類番号702.37　四六判（19.4cm）　総ページ208